LE
LAI DE L'OMBRE

PUBLIÉ

PAR

JOSEPH BÉDIER

(Extrait de l'*Index lectionum quæ in Universitate Friburgensi per menses æstivos anni MDCCCXC habebuntur.*)

FRIBOURG

IMPRIMERIE ET LIBRAIRIE DE L'ŒUVRE DE SAINT-PAUL
259, rue de Morat, 259

1890

LE LAI DE L'OMBRE

PUBLIÉ PAR

JOSEPH BÉDIER

LE
LAI DE L'OMBRE

PUBLIÉ

PAR

JOSEPH BÉDIER

(Extrait de l'*Index lectionum quæ in Universitate Friburgensi per menses æstivos anni MDCCCXC habebuntur.*)

FRIBOURG

IMPRIMERIE ET LIBRAIRIE DE L'ŒUVRE DE SAINT-PAUL
259, rue de Morat, 259

1890

INTRODUCTION

Un chevalier aime une dame, qui ne l'aime pas. Un jour qu'ils sont tous deux assis devant le château de la jeune femme, sur la margelle d'un puits, elle exige qu'il reprenne un anneau qu'il lui a donné. Longtemps, il résiste et supplie ; mais quand il a enfin compris que ses prières resteront vaines, il cède : « Soit ; rendez-le moi. » Il prend l'anneau et le regarde doucement : « Merci, dit-il, l'or n'en est pas noirci, pour avoir été à votre main. » Elle sourit, croyant qu'il va le remettre à son doigt. Mais il fait alors chose de grand sens, qui lui tourna ensuite à joie. Il s'est accoudé sur le puits, et voit dans l'eau belle et claire l'ombre de sa dame : « Sachez, fait-il, que je ne garderai pas cet anneau ; mais ma douce amie l'aura, celle que j'aime le mieux après vous. » — « Dieu ! dit-elle, toute surprise ; nous sommes seuls ici ; où l'aurez-vous si tôt trouvée ? » — Là, voyez la, votre belle ombre qui l'attend. » Il prend l'annelet et le tend vers l'ombre : « Tenez, ma douce amie ; puisque ma dame ne le veut point, vous le prendrez bien sans refus. » A la chute de l'anneau, l'eau s'est un peu troublée, et quand l'ombre *se desfist :* « Voiés, fait-il, dame, or l'a pris. » Et elle, subitement touchée et coquette encore, lui offre à son tour son propre anneau : « Beau doux ami, tenez, je vous le donne comme votre amie ; peut-être ne l'aimerez-vous pas moins que le vôtre, bien qu'il soit moins beau. »

Cette minuscule légende d'amour méritait d'être contée en cinquante vers, et notre lai en a près de mille : tant le poète s'est attardé sur la route. A vrai dire, il a conservé sa brièveté nécessaire à la petite scène que nous venons de redire d'après lui ; il a su conter légèrement, non sans charme, moitié souriant, moitié attendri comme son héroïne elle-même, cette historiette où la tendresse, sincère encore, se fait un peu trop spirituelle ; il a su maintenir son récit sur la limite indécise et charmante où le sentiment devient sentimentalité. Mais il ne se hâte point d'arriver à cette scène finale ; il la prépare longuement, lentement, avec amour, et ses petits vers faciles et monotones se succèdent par centaines. Nous pouvons, lecteurs modernes, tourner les pages avec impatience et courir au dénoûment ; mais il est manifeste que c'est à ces minutieux préparatifs que le trouvère tenait le plus, et les grandes dames et les grands seigneurs, moins pressés que nous, devant lesquels il récita son poème, durent y prendre un plaisir extrême : à ce titre ces longueurs mêmes nous doivent intéresser.

Le poète s'est plu d'abord, par quelques détails extérieurs, à nous faire sentir l'aristocratique élégance du monde où se meuvent ses personnages. Il s'est plu à nous montrer de jeunes chevaliers, plaisamment vêtus pour l'été, à nous décrire leurs manteaux de soie fourrés d'hermine et d'écureuil, et leurs couronnes de pervenches, à nous faire entrer après eux dans la *salle* parée d'un château seigneurial, où monte l'odeur des fleurs et des herbes qui jonchent le sol : une jeune dame les y reçoit, les prend en riant par la main, et son *chainse* blanc, délié, traîne après elle « sur les joncs menus ». Mais le poète n'a voulu donner à ces descriptions de costume et de milieu qu'une importance très secondaire. Il faut lui savoir gré de nous avoir épargné la description attendue, inévitable dans les poèmes de ce genre, de la beauté, invariablement blonde, de ses héros ; il a évité le portrait banal de la jeune dame, qu'on voit partout reparaître, toujours la même, plus blanche que neige en février ou que fleur d'épine, plus vermeille que rose, les yeux vairs comme des yeux de faucon et qui « frémissent » comme l'étoile, la nuit, dans la fontaine, les dents rangées trois par trois, le front poli où sont « emmurées » des veines azurées [1]. Il a évité aussi, et nous lui en devons quelque reconnaissance, la description du paysage mièvre et banal, mille fois reproduit dans la littérature du Moyen-Age, cette matinée de renouveau, qui est à peu près la seule expression du sentiment de la nature dans nos vieux poèmes. Si notre poète a négligé ces circonstances extérieures, c'est que tout son effort a porté sur l'observation interne de ses personnages ; il a prétendu décrire, dans leur minutie, la succession et le conflit

---

[1] Ces traits sont partout. Cf. notamment Adam de la Halle, *Jeu de la feuillée* ; Jubinal, *Nouv. Recueil*, II, 235 ; F. Michel, *Jongleurs et Trouvères*, 119, etc.

de leurs sentiments ; et cela, le plus gravement du monde. Il a pris très au sérieux son héros et son héroïne, et veut que nous les prenions de même. Il ignore, quand il les fait parler, l'ironie secrète du poète d'Aucassin et Nicolette, et le demi-sourire d'Adam de la Halle, quand il anime son petit monde de bergers et de bergères. Il veut au contraire remplir en conscience sa tâche de psychologue : il étudie ses personnages par des portraits minutieux, par des monologues et des dialogues qu'il leur prête : de la sorte, son poème, témoin exact de conceptions chères à ses contemporains, prend la valeur d'un document.

Ces portraits, ces monologues, ces dialogues décèlent à première vue, à près d'un siècle de distance, l'influence toute puissante de Chrétien de Troyes et de la cour brillante de Marie de Champagne [1]. Et d'abord, les portraits. Ils n'ont rien d'individuel et sont moins des portraits que des *caractères*. Le personnage d'exception est rare dans la littérature du Moyen-Age, où les héros de roman plaisent en proportion qu'ils sont plus ou moins conformes à des types conventionnels, très généraux. Ils n'offrent guère de nuances, et, comme le dit naïvement Huon le Roi [2],

> Molt diverse est la partëure,
> D'une part clere, d'autre obscure :
> N'a point d'obscur en la clarté,
> N'a point de cler en l'obscurté.

Tels sont les personnages de notre lai : ils nous présentent le *type* de la *dame*, le *type* de l'*ami*, et ces types sont la création de Chrétien de Troyes. C'est ainsi que notre chevalier est preux et courtois, large, débonnaire à l'hôtel, hardi au tournoi ; bref, il ressemble fort à Monseigneur Gauvain (v. 60), et c'est, comme on sait, le devoir strict de tout chevalier de roman de ressembler à Monseigneur Gauvain. Le poète ajoute que personne ne le trouverait

> Ne trop emparlé ne trop cointe.

De son temps, soit ; aujourd'hui, c'est précisément ce double reproche qu'on serait tenté de lui adresser : il parle trop, et il est

---

[1] Voir G. Paris, *Romania*, t. XII, p. 516, ss.
[2] Le Vair Palefroi, v. 669 ss. Recueil de fabliaux d'A. de Montaiglon et de G. Raynaud, t. I, III.

trop *cointe,* c'est-à-dire trop élégant, trop petit-maître. Puisque notre lai n'admet que les données de la vie réelle, on se figure fort bien notre chevalier vivant en vérité dans l'une des cours du temps, habile aux échecs et à l'*escremie,* excellent fauconnier, courant les tournois, adroit à composer, à l'imitation des troubadours, des chansons d'amour maniérées. Il nous prouve que ces « chambres des dames », que Joinville et le bon comte de Soissons regrettaient si fort à la Mansourah, avaient leurs précieux comme l'hôtel de Rambouillet, leurs marquis comme le petit lever du roi, leurs muscadins comme les salons du Directoire. Si au contraire nous le transportons dans le monde chimérique des romans de la Table Ronde, il a toutes les qualités requises, comme Cligés, comme Mériadeuc, pour défendre les demoiselles persécutées, pour combattre les géants et déjouer les ruses des nains discourtois : il saurait, comme Gauvain, franchir le « pont evage » qui passe sous l'eau, et comme Lancelot, le pont d'acier fourbi et affilé comme une lame ; il se coucherait sur le « lit périlleux », il entreprendrait la quête de « l'épée aux renges estranges », il monterait sur les barques magiques qui, sans pilote, entraînent les héros aux pays de sortilège ; comme le Chevalier aux deux épées, il pénètrerait dans la « gaste chapelle » ; il saurait, comme le Bel Inconnu, tenter l'aventure du fier baiser. Il est une vérité essentielle qu'a ignorée le moyen-âge, et c'est ce qui condamne sa poésie lyrique et ses romans à une irrémédiable faiblesse : c'est que, tout au moins en matière littéraire, il n'y a de psychologie que de l'individu.

Construit sur le modèle des héros de Chrétien de Troyes, notre chevalier analyse comme eux ses sentiments en des monologues que le poète entend. Et la dame fait de même. Le chevalier ira-t-il voir celle qu'il aime, ou bien n'ira-t-il pas ? La dame rendra-t-elle au chevalier son anneau, ou non ? Le chevalier le reprendra-t-il, ou s'il ne le reprendra pas ? Ce sont autant d'occasions de monologues intimes. On sait que ce procédé du monologue est, pour ainsi dire, *de style* dans les romans de Chrétien, et l'on ne saurait nier qu'il ne soit commode, logique, ni que les œuvres de Chrétien et de ses imitateurs ne nous offrent, grâce aux monologues, les premiers modèles du roman d'observation. Par malheur, ces analyses sont trop simples, ces conflits trop tranchés. Le procédé invariable consiste pour le personnage à abstraire de sa situation spéciale tout ce qu'elle a de particulier, d'original, à la ramener à un cas aussi général que possible. Avec la manie de généraliser propre à son temps, il distingue vite dans son cœur deux ou trois passions universelles, la crainte, par exemple, et la hardiesse; il les compare, les mesure, les oppose, les pèse, et se décide par un aphorisme : mieux vaut être hardi que couard; donc il agit en conséquence. Et bientôt ce sont réellement des êtres de raison, Hardiesse et Couardise, qui discutent en lui par syllogismes en forme; c'est ainsi que, déjà dans les poèmes qui, comme le lai de l'ombre, ignorent, ou à peu près ces personnages abstraits, on voit sortir du monologue primitif le dialogue allégorique. Or ce fut sans doute un malheur pour notre poésie nationale que le triomphe du genre allégorique. Il naît à une époque où l'attention accordée aux choses de l'amour dans une société extrêmement polie aurait dû, semble-t-il, donner le goût et le pouvoir des analyses psychologiques. Mais l'allégorie, qui prétend, par des classifications de vertus, de vices, de sentiments, porter quelque clarté dans l'étude des choses de l'âme, est la négation même de toute psychologie. Quand nous savons qu'un amant est excité à aimer par Simplesse et Pitié, qu'il en est détourné par Faux Semblant et Fausseté, nous voyons quelles ficelles tirent une marionnette en des sens différents; nous ne voyons plus, dans ses divers combats intimes, le cœur vivant d'un homme.

Mais ce sont les dialogues qui tiennent le plus de place dans le lai de l'ombre; le poète a manifestement apporté tout son art à les composer; son public dut s'y reconnaître, et nous y pouvons entendre le langage réel de la conversation mondaine d'il y a six cent cinquante années. Pourquoi cette extrême importance attribuée aux propos des deux amants? Elle s'explique par la conception très particulière de l'amour spéciale à l'époque. En effet ce n'est point par un brusque revirement, par un caprice soudain que la dame accorde son amour; le poète n'a pas voulu qu'elle cédât tout d'un coup; c'est peu à peu, par un travail insensible, qu'elle est gagnée; le don de l'anneau à l'ombre n'est que le dernier épisode d'une longue lutte, la dernière victoire d'une lente conquête. Or par quel mérite le chevalier a-t-il ainsi triomphé? Quelle est son excellence et sa vertu propre? L'a-t-il patiemment aimée? S'est-il dévoué pour elle? Non, il a seulement bien parlé. Or, comme l'a si finement montré M. G. Paris dans un article déjà cité, il est un axiome fondamental que la poésie provençale, l'imitation d'Ovide, l'influence des cours des Plantagenets et de la comtesse Marie de Champagne, les œuvres de Chrétien de Troyes et d'André le Chapelain ont imposé aux esprits du Moyen-Age, à savoir que l'amour est un art. Il se gagne par l'observance d'un code d'amour rigoureux et formaliste ; il se perd par l'infraction à l'une seule de ses prescriptions. Il fallait persuader aux auditeurs que le héros du lai entendait cet art : de là, les longues conversations du poème. Elles sont précisément l'application stricte de ces règles ; on pourrait marquer, dans chacun des propos du chevalier, le souci de l'une d'entre elles, et les auditeurs devaient les reconnaître au passage. Un seul propos discourtois, une seule dissonance, et c'en était fait de l'entreprise de l'amant. Mais il sait par cœur son code de courtoisie, il l'applique à propos ; et parvenus à la scène où la dame accorde enfin son amour, chacun des nobles seigneurs qui écoutèrent notre lai dut l'approuver ; le chevalier a parlé courtoisement, cela suffit.

Notre petit conte n'est pas de ceux qui se transmettent à travers les littératures populaires ; nous n'en connaissons point d'autre version, et, malgré son titre de *lai*, nous n'avons pas à supposer qu'il ait rien de commun avec les contes celtiques. Il n'y a pas à revenir sur l'historique du mot et du genre donné par M. G. Paris[1] ; je me borne à une brève remarque. M. G. Paris dit fort bien : « Des poètes français et normands, qui, comme Marie de France, savaient le breton, eurent l'idée de raconter, dans la forme habituelle des narrations rimées, le sujet des lais les plus célèbres. Il se forma alors un genre de poésie particulier, qui fit donner le nom de lai à des compositions analogues, où les Bretons n'étaient pour rien. Parfois les auteurs de ces compositions prétendirent les avoir tirées de véritables lais ; l'auteur du lai de l'Epervier essaie encore de donner le change ». On peut insister sur cette idée et marquer que les poètes ne s'efforcèrent pas longtemps de donner le change : ce nom de *lai*, donné d'abord par une sorte de subterfuge littéraire à des contes non bretons, cesse très vite d'éveiller l'idée d'une tradition celtique quelconque ; il devient bientôt le nom légitime de contes que les auditeurs savaient parfaitement ne rien devoir aux harpeurs de Bretagne. Pour prendre une date extrême, il est bien certain que, quand au XIVe siècle Jean de Condé intitule l'un de ses poèmes le *lai du Lévrier*, un autre, le *lai du Blanc Chevalier*, il ne songe guère à Marie de France. Pour distinguer les

---

[1] *Romania*, VII, p. 1 ; VIII, p. 29, XIV, p. 606, et l'*Histoire Littéraire*, t.XXX, p. 8.

nombreuses variétés de leurs poèmes narratifs, les trouvères durent recourir à une terminologie compliquée. Les mots *dit, ditié* n'avaient pas de contenu bien déterminé ; c'étaient des termes génériques, qui s'appliquaient à des œuvres d'ordre très différent. Le nom de *roman* convenait seulement à des poèmes de longue haleine ; celui de *fabliau* était quelque peu sali pour avoir été attribué à nombre de poèmes grossiers ; le mot *lai* désigna donc des romans moins longs et des fabliaux plus aristocratiques. Déjà au commencement du XIIIe siècle, il n'éveille plus l'idée de conte celtique, et c'est pourquoi les trouvères peuvent légitimement donner ce titre à des poèmes tels que le *Lai d'Aristote,* le *Lai d'Amours,* le *Lai de l'Oiselet,* et au *Lai du Conseil,* si semblable au nôtre.

L'auteur. — Notre poète s'appelait *Jehan Renart* (v. 953), et c'est tout ce que nous savons de lui. Amaury Duval, dans un article de l'*Histoire Littéraire* [1], se croit mieux renseigné. Il donne une analyse, inexacte d'ailleurs, du poème, et attribue à son auteur deux autres œuvres, le *lai d'Ignaures* et la première partie du *Chevalier au Cygne.* Mais il est obligé, pour la circonstance, de l'appeler *Jehan Renaut.* Or les quatre manuscrits qui donnent le nom du poète (ABCE) écrivent très distinctement Jehan Renart. D'autre part le nom de Renaut est assuré par la rime dans le *lai d'Ignaures* (Renaus : vassaus). Il n'y a donc pas lieu de comparer la langue de ces divers poèmes et de discuter une identification qui ne repose sur aucun fondement.

Date du poème. — A quelle époque le Lai de l'Ombre a-t-il été composé ? Une allusion aux prisons de Salahadin (v. 251) semblerait devoir le dater. Mais le style, les rimes, la confusion surtout de *s* et de *z* ne permettent pas de faire remonter notre texte au delà des premières années du XIIIe siècle. De plus, il est fait, au vers 21, une allusion au roman encore inédit de l'*Escoufle,* qui passe pour appartenir au XIIIe siècle. Si l'on songe d'ailleurs à la célébrité durable du nom de Salahadin, à cette popularité dont Boccace et Lessing nous sont garants, rien de plus vraisemblable que de voir simplement dans la mention de Salahadin une manière d'expression proverbiale. Le soudan du Caire est nommé dans des

---

[1] T. XVIII, p. 773-779.

textes bien postérieurs à sa mort : voyez par exemple le *Contrasto de Cielo d'Alcamo*. Le Lai de l'Ombre est donc du XIIIe siècle : mais n'est-il point possible d'en déterminer plus exactement la date ? Voici une hypothèse plausible [1] : les compagnons du chevalier lui disent (v. 243) que, si sa dame savait comme il s'est mal comporté à son égard, il lui vaudrait mieux estre pris « als Turs, et menés en *chaaire* (ABF), *a cauuaire* (C), *en chaiere* (D), *en chaere* (E) ». Ce mot me paraît être un nom propre, et ce nom propre, le Caire. La forme trisyllabique du mot, justifiée par l'arabe Masr el-Qâhirah, attestée par l'allemand moderne Kairo (en trois syllabes), est aussi la plus usitée au moyen-âge. Les publications de la Société de l'Orient Latin indiquent les formes *Caire, Kahairez, Cahaire*, et les formes en *Ch* ne sont pas rares. De Wailly a tort de changer (Joinville § 518) *le Chaare* du ms. A en *Caire* ; il devait mettre *Cahaire*. Or, puisque c'est bien certainement du Caire qu'il s'agit, s'il est une date de notre histoire où l'on parla en France de croisés prisonniers au Caire, ce fut lors de la défaite essuyée au mois de novembre 1239, près de Gaza, par les comtes de Bar et de Montfort. Les nombreux prisonniers faits par le Soudan furent envoyés au Caire, où ils furent l'objet d'une réception triomphale et dérisoire [2]. L'un d'eux, Philippe de Nanteuil, que Joinville appelle toujours « le bon chevalier », était un poète, dont nous avons conservé une chanson qu'il adressa, de sa prison du Caire, aux croisés restés en Syrie [3]. Ce désastre fit une profonde impression : Joinville, qui vint en Egypte dix ans après, en parle encore souvent. Une autre chanson fut faite à Acre pour exciter à la délivrance des prisonniers. On y lit [4] :

---

[1] Je ne la présenterais pas avec autant d'assurance, si elle n'avait été confirmée et précisée par une lettre que mon maître, M. G. Paris, a bien voulu m'écrire à ce sujet : dans les circonstances présentes, je lui en suis doublement reconnaissant. — A la dernière heure, je reçois encore cette indication de M. G. Paris, qui confirme mon hypothèse : « M. P. Meyer m'a montré un passage de l'*Escoufle*, d'où il résulte avec certitude que le poème a été composé peu après la mort de Louis VIII, entre 1230 et 1240. Comme l'allusion de l'*Ombre* se rapporte sûrement à ce poème, la date du lai doit bien être d'environ 1250. »

[2] Voyez *Hist. des Crois.*, t. II, p. 545 ss. ; et Wallon, *Hist. de Saint-Louis*, t. I, p. 101 ; il faut remarquer que le maître de l'Egypte, de 1240 à 1250, fut Saleh-Ayoub, neveu de Salahadin.

[3] *Hist. Litt.*, t. XXIII, art. Philippe de Nanteuil, p. 669-679.

[4] Ibidem, p. 677.

> Li pueples de France prie,
> Seignour prisonier, pour vous.
> Or en penst li Fis Marie !

C'est à cette époque où le peuple de France priait pour les prisonniers du Caire que notre lai a dû être composé, ou quelques années plus tard.

Le dialecte du poème. — Quelle est la patrie de ce Jehan Renart ? Où notre lai a-t-il été composé ? Voici les conjectures que l'étude des rimes et de la mesure des vers nous permet de proposer :

1° Les rimes *Deus : deus* (806, 832), *gengleus : deus* (162), *angoisseus : seus* (4), *eus : escureus* (280) attestent la prononciation *eus* pour e ouvert + us, o fermé + us, o fermé + s, o fermé + ls, e fermé + ls, o ouvert + ls. Une autre série de rimes en *us* associe e ouvert + l mouillée + s, o ouvert + l mouillée + s, e fermé + l mouillée + s : *melius : oculos* (198, 404), *vermiculos : melius* (284), *vermiculos : oculos* (482).

2° Notre texte confond à la rime *oi* provenant de e long, i bref, et *oi* provenant de au + I : *chois : Perchois* (58), *voie : monjoie* (223), etc.

3° La triphtongue *iée* aux participes passés des verbes soumis à la loi de Bartsch ne rime jamais avec *ie*. Cf. *treciée : dreciée* (300), *lessiée : plessiée* (594), et au contraire *mie : amie* (452, 754, 804, 886, 930, 938), *mie : mie* (836). Le ms. picard C donne au vers 970 *amie : lie*; mais ce passage n'appartient pas au texte original.

4° S, Z sont confondus à la rime : *partis : pensis* (584), *pris (prehensus) : pris (pretium)* 902, *samis : mis* (304), etc.

5° Des rimes comme *dison : non* sont connues de Rutebeuf (cf. Jordan [1], p. 65).

6° Le changement de *ai* en *e* est attesté par les rimes *estre : naistre* (20, 620), *estre : maistre* (950, 112), *vair : iver* (96), etc.

7° *mains = minus : mains = manus* (604) se rencontre dans le *Livre des Métiers* et dans le *Livre du Conseil* (v. Rœhr [2], p. 37).

---

[1] Jordan, *Metrik und Sprache Rutebeufs,* diss. de Gœttingen, 1888.
[2] Rœhr. *Der Vokalismus des Francischen,* diss. de Halle, 1888.

8° La rime du vers 552, *pleure : seure* peut étonner, si l'on se place au point de vue du français moderne. Mais cf. G. Paris, Romania, VII, p. 2.

L'ensemble de ces traits linguistiques convient au dialecte de l'Ile de France. Voici, par contre, une série de formes qui ne sont pas de ce domaine; mais les unes sont attestées plus ou moins souvent dans des textes franciens; les autres sont employées par le poète concurremment avec des formes franciennes : d'où l'on peut induire que le poète a voulu écrire le dialecte de l'Ile de France, mais qu'il ne le parlait pas purement.

1° Il semble bien que l'auteur n'a point confondu a nasal + cons., e nasal + cons. Les rimes nombreuses *sens : siens* (194, 376, 614, 914), *sen : sien* (876) attestent qu'il a conservé distincte la prononciation de e nasal. Mais la rime du vers 282 *blanche : venche* (= *vinca*) prouve qu'il connaissait aussi la confusion des deux sons.

2° Nous relevons aussi dans notre lai les rimes *seïr : resjoïr* (728), *cheïr :* oïr : (548); elles sont picardes (v. Tobler, *li dis dou vrai aniel*, XXIV). Mais elles sont en contradiction avec les rimes *seoir :* voloir (328), *veoir :* avoir (234); Rutebeuf offre des exemples de cette promiscuité. Il en est de même des formes picardes *mi :* ami (368, 631), auprès de *moi :* doi, fréquemment attesté; ce double emploi est encore un des traits de la langue de Rutebeuf (cf. Jordan, p. 40). Les formes *no, vo* (522, 577, 579, 785, 786, etc.) ainsi que les formes verbales comme *trovissiés* (69), *gabissiés* (471), appartiennent au domaine du Nord-Est; appartiennent encore à la conjugaison picarde les formes *messiece* (697), *meche* (780).

3° La paire de rimes *tece : simplece* se trouve dans des textes franciens [1].

4° *Sons* = *sumus* (431) se trouve, dit Suchier [2], sur un territoire qui s'étend de la Flandre à la Champagne; cf. Bartsch, *Romanzen und Pastourellen*, II, 24, 58, et 4, 42.

5° *Cuisse : angoisse* (774) n'est pas une rime du Centre de la France. On dit *coisse* dans plusieurs régions de l'Ouest et de

---

[1] G. Paris, *Lai de l'Oiselet*, p. 70, note.
[2] *Grundriss*, p. 611.

l'Est. Mais *oi* avec o ouvert = *ui* est attesté par *hui : cestui* (18), *ambedui : lui : anui*, etc.

6° *Roiame : dame* (238) se trouve dans des textes de l'Est (v. Suchier, *Aucassin*, 63). On lit pourtant aussi dans le *Livre des Métiers* la forme *roiame* (Rœhr, p. 39).

7° *Merveille : travaille* (558) est une rime messine [1]; la prononciation est *ei* (v. W. Meyer, *Grammaire*, § 86). Dans des textes parisiens comme le *Livre des Métiers* et le *Livre du Conseil*, on rencontre des formes en *e* du verbe travailler, mais seulement à la protonique (Rœhr, p. 21 ; cf. Suchier, *Reimpredigt*, XXVII).

Pour conclure, je crois que le *Lai de l'Ombre* a été écrit en français du Centre par un poète qui parlait un dialecte de l'Est, que nous ne pouvons déterminer avec précision. On pourrait chercher sa patrie aux confins des parlers lorrains, wallons, picards, non loin sans doute de « cele marche de l'Empeire de Loheraigne et d'Alemagne » où il a placé l'action de son poème. En conséquence, je me crois autorisé à remettre en *francien* tout ce qui s'y prête dans le texte traditionnel.

Classification des manuscrits. — Six manuscrits, à ma connaissance, nous ont transmis le lai de l'*Ombre*. Je désigne chacun d'eux par l'une des six premières lettres de l'alphabet, ainsi qu'il suit :

A = Ms. B. N. f. fr. 837, f° 40 r° — f° 44 v° ; c'est le texte qu'a imprimé F. Michel, *Lais inédits des XII° et XIII° siècles*, Paris, 1836 ; ce ms. est, en général, moins fautif que les autres.

B = Ms. B. N. f. fr. 1593, f° 157 r° — f° 162 v° ; F. Michel a relevé en appendice à son édition les principales variantes de B ; ces deux manuscrits ont été souvent décrits et étudiés.

C = Ms. B. N. f. fr. 12603, f° 249 v° — f° 255 r°. W. Foerster l'a décrit dans le *Jahrbuch für romanische und englische Sprache*, t. XIII, 283-95 ; Cf. aussi la préface de son édition du *Chevalier as deus espées*, Halle, 1877.

D = Ms. B. N. f. fr. 19152 (anc. S. Germain 1239), f° 85 v° — f° 89 r°.

E = Ms. B. N. f. fr., nouv. acquis. 1104, f° 54 v° — 61 v°. C'est le ms. décrit par G. Paris, *Romania*, VIII, 29 (cf. Romania, VII, 1 et 407).

F = Ms. B. N. f. fr. 14971, f° 49 v° — f° 55 v°. Il a été copié et publié par A. Jubinal, *Lettres à M. le comte de Salvandy sur quelques uns des mss. de la B. R. de La Haye*, Paris, 1846, p. 154. Jubinal y a reconnu l'original d'une copie moderne, conservée à la Bibliothèque de La Haye

---

[1] Cf. *Guerre de Metz*, éd. Bonnardot et Bouteillier, str. 29, 93, 192 et 224.

(T. 320, anc. 774) et exécutée, au commencement de notre siècle, par le bibliophile belge Gérard, qui copia les mss. qu'il craignait de voir disparaître de la Belgique pendant l'occupation française. Comme l'édition de Jubinal est manifestement faite sur le ms. de Paris, j'ai cru devoir m'informer si la copie de Gérard est également conforme à ce ms., ou si, par hasard, elle ne représenterait pas une autre tradition. J'ai donc adressé au directeur de la Bibliothèque royale de La Haye, M. Campbell, la copie des vingt premiers vers du ms. de Paris 14971, qu'il a bien voulu comparer avec le ms. de Gérard. Il ressort de cette collation que les deux textes sont identiques, et que notre ms. F est bien l'original du ms. de La Haye. Que M. Campbell veuille bien recevoir ici tous mes remerciements pour sa grande bienveillance.

Nos six manuscrits appartiennent au XIIIe siècle. Les plus récents sont le ms. E (fin du XIIIe siècle) et le ms. C, qui, au jugement de MM. L. Delisle et Fœrster, pourrait n'avoir été copié que dans les premières années du XIVe siècle.

Ces six manuscrits me paraissent se grouper trois à trois en deux familles : ABC, DEF.

1º Leçons fautives de ABC contre DEF

Voici les passages qui nous paraissent devoir entraîner le groupement de A, B, C en une seule famille :

v. 510 ss. Dans DEF, la dame termine par ces vers l'une de ses dures réponses aux avances du chevalier :

« Por ce, c'est oiseuse proiere ;
Si vos pri que vos en sofrés. »   (D que vos m'en laissiez).

Et le chevalier réplique :

— « Ha ! dame, fait il, mort m'avés !
Gardés nel dites mais por rien... etc...

ABC disent :

« Por ce, c'est oiseuse proiere. »
— « Ha ! dame, fait il, mort m'avés ;
Se vos de moi merci n'avés,
Gardés, etc...

Le vers « se vos de moi merci n'avés » est de remplissage ; et si notre poète n'évite pas les chevilles, du moins il ne fait jamais rimer un mot avec lui-même. ABC présentent donc ici une faute commune.

v. 558 ss. Voici, en présence l'un de l'autre, en négligeant les menues variantes, les deux textes d'ABC et de DEF :

> Avuec ce penser la traveille
> Raisons, qui d'autre part l'opose
> Qu'ele se gart de faire chose
> Dont ele se repente au loin.

A B C	D E F
. . . .	A celui qui ert en grant soin
. . . .	Del penser ou ele ert entrée
. . . .	A molt bele voie monstrée
. . . .	D'une grant cortoisie faire
Amors qui en tant maint besoin	Amors, qui en tant maint afaire
A esté voiseuse et soutils,	A esté voiseuse et soutis.

> Entrues qu'ele estoit, la gentis
> El penser la ou ele estoit,
> Il trait erranment de son doit — son anel.

La phrase de DEF est correcte, un peu compliquée, élégante pourtant. Dans ABC, *Amors* est sujet d'un verbe que l'on cherche en vain. Il est vrai qu'on pourrait corriger ainsi ABC, bien que les six mss. donnent *en tant* en deux mots :

> Amors, qui entent maint besoin,
> A esté voiseuse et soutis.

v. 572-3. Le chevalier passe son anneau au doigt de la dame, et le poète veut nous expliquer comment elle ne s'en aperçoit point :

ABC disent :

> De ce fist il un molt grant sen ;
> Si ert sorprise del penser,
> Que ains ne li lut a penser
> De l'anel qu'ele avoit al doit.

Le second de ces vers est insignifiant, si tant est qu'il soit intelligible. DEF donnent la vraie leçon :

> ...Fist il un greignor sen,
> Qu'il li desrompi son penser.

En effet le chevalier se lève aussitôt, prend subitement congé, contre toute attente, de manière à distraire sa dame, à *rompre son penser*, à l'empêcher de remarquer l'anneau qu'elle a au doigt.

v. 608. ABC : N'onques si ne s'esvanui ; la leçon de DEF « n'onques mais si ne s'esbahi » est évidemment la bonne.

v. 793. DEF : « Volés ore vers moi mesprendre ? » Ce vers est meilleur que les leçons de AB et de C.

2º **Leçons fautives de DEF contre ABC.**

Dans les passages suivants, D, E, F sont à leur tour réunis par la communauté de l'erreur :

v. 27. ABC : Et mieus vient a un home avoir
　　　　　　Eür que avoir ne amis.　DE que parenz ne amis.
(F manque).

Les vers suivants (*amis* muert et on est tot mis — Fors de l'*avoir*), qui développent le proverbe, prouvent que DE sont ici fautifs.

v. 274. ABC : Il ont le premier baile outré ; DEF un nouvel baile. Aux vers immédiatement précédents nos chevaliers sont en rase campagne, et il n'est point parlé d'une première enceinte fortifiée (baile) franchie ; le texte de ABC est donc préférable.

v. 431. ABC : Dames, qui sons mal percevans. DF donnent, avec des variantes de détail, un texte inintelligible. Cf. l'appareil critique.

v. 583. Por quoi il se depart ainsic (D), issis (E), ensi (F). La rime *pensis* prouve qu'il faut lire avec ABC : Por qu'il s'en est ainsi partis.

v. 677. DEF : La dame qui en grant destrece
　　　　　　Estoit et sor li deffendant [D envers lui].

Il faut évidemment préférer ABC : estoit sur son cors deffendant.

3º **Leçons où les groupes ABC, DEF se forment
sans qu'il soit possible de décider de quel côté est la faute.**

En un bon nombre de cas encore, ces deux groupes se forment et s'opposent l'un à l'autre, par des leçons entre lesquelles il est difficile de se décider, et des différences de détail qui achèvent de donner aux mss. de chaque groupe un air de parenté. Voici le type de ces passages :

v. 626 ss.

ABC : Or dira qu'il est mes amis ;	DEF : Or dira qu'il est mes amis :
Dira il voir ? sui je s'amie ?	Ce fera mon ; je n'en dout mie.
Nenil, car ce seroit folie.	Dira il voir ? sui je s'amie ?
Certes por noient le diroit !	Nenil, por noient le diroit.

Je donne seulement, pour abréger, le numéro des vers où ABC s'oppose ainsi à DEF, en renvoyant le lecteur à l'appareil critique : v. 21, 36, 92, 95, 147, 175, 202, 334, 336, 522 (ABC justicier, DE ostagier, F estanchier), 549, 555, 594, 606-7, 613, 671, 682, 634, 877, 835, 901

4° Dans l'intérieur du groupe ABC, il importe de marquer une subdivision,
A et B étant très prochement apparentés.

Cette ressemblance est si intime et si constante qu'une leçon commune à A et à B n'a guère, pour la constitution du texte, plus de valeur qu'une leçon isolée dans un seul manuscrit.

v. 280-3. AB suppriment trois vers donnés par CDEF et abrègent ainsi la description du costume du chevalier. — v. 591. AB font dire sottement à la dame délaissée par le chevalier : J'aurais cru qu'un an passé auprès de moi lui eût été « mains cors d'un jor. » C'est bien entendu du contraire qu'elle est persuadée.

v. 712. AB : Si dui compagnon n'ont nul asme
De l'oster ne lui font anui. — Ces vers n'ont pas de sens.

v. 690. AB : S'il le velt prendre... La dame veut dire précisément le contraire : ... S'il nel veut (CDEF).

Voir, pour plus ample confirmation de cette étroite parenté, les vers 15-6, 25, 31, 34, 45, 46, 75, 93, 115, 119, 128, 171, 195, 197, 209, 220, 230, 233, 245, 248-9, 263-4, 309, 336, 339, 403, 413, 416, 426, 427, 450, 453, 478, 487, 507, 543, 610-1, 623, 647, 696, 722, 752, 777, 850, 881, 890.

5° De même, dans l'intérieur du groupe DEF,
DF sont plus prochement apparentés.

Cette parenté est loin d'être aussi étroite que celle de AB ; F *refait* le texte, non sans habileté, mais dans un style plus moderne que celui de l'original commun de nos manuscrits. Le passage décisif est le suivant :

v. 133-145. Ces douze vers manquent également à D et à F.

Cf. les vers 64, 81-2, 209, 273, 410-1, 506, 683, 688, 758, 824, 950.

6° Contre-épreuve.

Nous avons cru devoir diviser nos mss. en deux familles, parce qu'en une trentaine de passages une leçon ABC s'oppose à une leçon DEF. Cinq fois au moins ABC a tort, cinq fois au moins DEF a tort ; dans une vingtaine de cas, le choix reste douteux.

Mais, si ces preuves positives paraissaient insuffisantes, nous pourrions recourir à une démonstration complémentaire, indirecte, mais efficace.

Nous nous sommes en effet arrêté au groupement ABC contre DEF ; mais trente et une autres combinaisons, outre celle-là, étaient théoriquement possibles. Or, si notre classification est fausse, il est certain que l'un quelconque de ces nombreux groupements se produira ; si au contraire elle est exacte, il est digne de remarque que jamais deux mss. ne pourront s'opposer aux quatre autres, ni trois mss. aux trois autres. Un groupe quelconque CE ne pourra, en effet, jamais se former contre ABDF, ni pour donner la bonne leçon : car alors ABDF auraient une faute en commun et formeraient une famille ; ni pour en donner une mauvaise : car alors CE auraient une faute en commun, et formeraient une famille. Il nous reste donc à montrer qu'aucune des autres combinaisons possibles ne se présente jamais ; qu'aux cas où l'une d'elles se présente, nous avons simplement affaire à une suggestion fortuite qui s'est imposée à l'esprit de copistes étrangers les uns aux autres. Voici l'énumération de ces groupes irrationnels :

a) *Groupes ternaires.* Ces groupes sont impossibles *a priori;* et de fait les groupes ACD, ACE, ACF, BCD, BCE, BCF ne se forment jamais, sauf au vers 753 (voir la note sous ce vers). Seuls se forment parfois des groupes ABD, ABE, ABF, où l'on remarquera qu'entrent à la fois A et B : or nous avons vu que ces deux mss. sont si proches parents que leurs leçons communes peuvent être considérées comme appartenant à un seul copiste, et nous n'avons, en réalité, affaire qu'à des groupes binaires t D, t E, t F.

En un seul passage, nous rencontrons une difficulté de quelque importance : au vers 270, le chevalier et ses compagnons, qui viennent de décider qu'ils feront visite au château, piquent leurs chevaux, « criant : as dames, chevalier ! » C'est le texte de CDF. ABE disent : « criant : as armes, chevalier ! » Il est certain que cette dernière leçon est mauvaise : car nos chevaliers ne sont point dans le dessein de prendre le château d'assaut, ni de se servir de leurs armes, si tant est qu'ils soient armés ; mais on peut admettre que deux copistes indépendants (t, E), aient fait la même faute pour avoir l'un et l'autre mal compris l'intention plaisante du poète, et substitué le cri ordinaire : « aux armes ! » à sa parodie « aux dames ! » — Toutes les autres rencontres des mss. sont si insignifiantes et et si aisément explicables que nous nous bornons à les indiquer, sans les discuter : v. 158, ABF mesaamé, CDE desaamé ; 238, ABF joie, CDE voie ; 474, ABF gentis dame, CDE douce d. ; 383-4, ABF de bras et de mains, de cors, CDE de cors et de mains, de bras ; 422, ACF en avés, CDE i avés.

b). *Groupes binaires.* Les groupes AD, AE, AF, BD, BE, BF ne se forment jamais (sauf deux fois BD, v. 43, par une rencontre insignifiante, et au v. 35, voir les notes ; mais ici le texte n'est pas assuré, et on comprend que des copistes indépendants n'aient pas compris ce passage difficile). Ce phénomène s'explique par le fait plusieurs fois remarqué que A ne se sépare presque jamais de B. Les variantes des autres groupes binaires sont tellement minuscules qu'il sera suffisant de les noter sans discussion : CD *contre* ABEF : 74, CD Dame ne pucele : Pucele ne dame ; 84, estoit : estout ; 676, en grant destrece : a grant ; 677, ist de la sale maintenant : descendant ; 697, dessiece : messiece. CE *contre* ABDF : 232, CE biauté : bonté ; 733, donastes : lessastes ; 832, lequel de ces jeus : lequel de ces deus ; CF *contre* ABDE : 194, trop peu de sens : un mains des siens, 221, ochoison : raison ; 238, dit qu'en roiame : dit bien qu'el r. ; 268, tornerent : guenchissent ; 311 ; 399, fait il, por pitié : merci, por pitié ; 770, retenir : tenir.

Ces preuves, tant négatives que positives, nous permettent, semble-t-il bien, d'exprimer par la figure suivante la filiation des manuscrits :

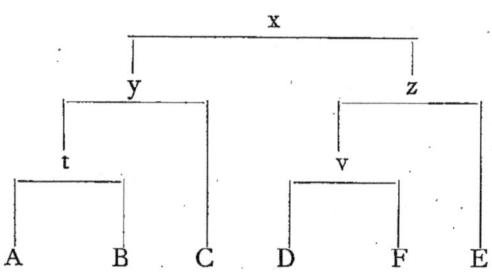

En terminant cette introduction, je remercie vivement MM. A. Jeanroy et E. Rabiet qui m'ont aidé dans l'explication de plusieurs passages difficiles. Je remercie très particulièrement M. E. Muret, qui a lu mon travail en manuscrit. Si cette petite édition, que sa destination spéciale m'a forcé à préparer bien·rapidement, reste insuffisante, ce ne sera point la faute du remarquable talent philologique de M. Muret, ni de son zèle amical.

LE LAI DE L'OMBRE

Ne me vuel pas desaüser
De bien dire, ainçois vuel user
Mon sens a el que estre oiseus :
Je ne vuel pas resembler ceus
5 Qui sont garçon por tot destruire ;
Car, puisque j'ai le sens d'estruire
Aucun bien en dit ou en fait,
Vilains est qui ses gas en fait,
Se ma cortoisie s'aeuvre
10 A faire aucune plesant euvre
Ou il n'ait ramposne ne lait.
Fous est qui por parole lait
Bien a dire, por qu'il le sache ;
Et s'aucuns fous sa langue en sache
15 Par derriere, tot ce li doit ;
Car nient plus que je puis cest doit
Faire ausi lonc comme cestui,
Ne cuit je que on pëust hui
Faire un felon de bone aire estre,

V. 1, Le prologue manque dans F, qui ne commence qu'avec le vers 53. A Je me, B...eme, C Je ne; 2, BE ainz wel, C ains vorrai; 3, DE en el, B qu'a, D qu'en; 5, E qui sont oiseus; 6, DE Mais puisque; D le sen d'escire; 7, C c'om dit ou on fait; D E et en f; 8, B Foux est cil qui ces; 9, E quant ma; C descuevre; 11, CE il n'a; B parole de l.; D cointise ne l.; 12, A por ramposne, D qui sa parole; 13, B puisqu'il; 14, AB s'aucuns fel; 15, AB par droiture, C et par derrer tolt chou qu'il doit; 16, C com je, D Noient plus ; 17, D aussi grant; 18, D que l'en pooist.

20   Et mieus vient de bone eure naistre
     Qu'estre des bons, c'est dit piece a.
     Par Guillaume qui despieça
     L'escofle et arst, un a un membre,
     Si com li contes nos remembre,
25   Puet on prover que je di voir,
     Que mieus vient a un home avoir
     Eür que avoir ne amis :
     Amis muert, et on est tost mis
     Fors de l'avoir, qui bien nel garde
30   Et qui a fol le met en garde ;
     Mais cil qui tot le gaste et use
     Et après sa folie encuse
     Qu'il l'a despendu sans mesure,
     Se d'iluec avant amesure
35   Ses sens sa folie et son lait,
     Et mesaventure le lait,
     Eürs le ra tost mis en pris.
     Et por ce l'ai je si empris
     Que je vuel mon sens emploier
40   A bien dire et a soploier
     A la hautece de l'eslit.
     Molt par me torne a grant delit

20, CD Et *manque;* 21, AB de bons, C deboins, D ge di piecca; 23, E un et un m.; 24, E si com cis; 25, AB Poez savoir, C *intervertit* 25 *et* 26, *et* puet prouver; D puet l'en p. et tot por voir ; 26, C Car, DE Que mieus valt; 27, B Sens que; C Eür c'avoirs; DE que parenz ne a.; 28, C et s'est on, D s'amis muert tost a l'en mis; 30, A Ou qui; 31, AB Mes celui qui le gaste ; C Mes cil qui tout g. et tout use; D Mais celui qui tot g.; 32, E et *manque;* 33, BD qu'il a.; 34, AB d'iluec apres; AB s'amesure, C se mesure, D prent mesure; 35, A Si lait la folie qu'a fait; BD son sens, C et fait sens et folie i lait; E ses sens sa folie entrelet; 36, ABC l'i lait; 37, B Sens, C lche l'aura; D Si en veil retraire beax dis; 38, D et *manque,* E ai cest lai; 39, E desploier; 41, C de mon dit, D d'un eslit; 43, B sa v. m'a; D sa v. m'a eslit A fere ce qui m'enbelit ; E la v. m'est.

v. 20-21. Je crois qu'il faut comprendre : il vaut mieux avoir de la chance qu'être né de parents nobles ou riches. Cf. vers 26-7.

v. 22. Sur le *Roman de l'Escoufle,* voir Reinhold Kœhler, *Germania,* t. XVII, p. 62 ss. M. Michelant en prépare une édition pour la *Société des Anciens Textes Français.*

v. 35. Je comprends ainsi ces deux vers qui ont embarrassé tous nos copistes : « Si par la suite sa sagesse tempère sa folie et ses fautes. » Le vers *son sens sa folie et son lait* est en effet donné par deux mss. B, D, qui ne sont certainement pas de la même famille.

v. 41. l'eslit = le sujet choisi ?

Quant ma volenté est eslite
A faire ce qui me delite,
45 D'une aventure metre en rime.
On dit : qui bien nage bien rime.
Qui de haute mer vient a rive,
Qui a port de bien dire arive,
Plus l'en prisent et roi et conte.
50 Or orrés par tens en cest conte
Que dirai, s'aucuns ne m'encombre :
Et je fais ci le Lai de l'Ombre.
Je di que uns chevaliers iere
En cele marche de l'Empiere
55 De Loheraigne et d'Alemagne ;
Je ne cuit pas c'uns teus en magne
De Chaalons jusqu'en Perchois,
Qui si ait totes a son chois
Bones teches come cil ot.
60 De maintes resemble au fil Lot,

45, AB Une a. a mettre ; 46, ABD l'en d. AB nage et bien r. 48 C et au pont de, E Fous*est se a la mer estrive ; 49 CE Mieus l'emp. D Plus le p. ; 50, A par tens en monte, E Or escoutez en icest c. ; 51, A s'anuis ne ; B intervertit Que j'ai fait de cest lai de l'o. Or dirai s'aucuns ; CD se nus ; E Que ferai ; 52, A En cest lai que je faz ; D En ce dit que j'ai fait ; E Je dirai cy du lay ; 53, B Ez vous c'uns bons, C En se dist c'uns c. D Ge vos di, E Cy dit que uns ; F Jadis uns frans ; 54 A De cele m. d'Engletere ; 55 C ou d'A ; 56 C que teuls i m. ; D certes c'uns ; E c'om teus en F que nulz teulz m ; 57 B des Ch. ; C jusqu'en Artois.

58 ss. D ne cuit je pas qu'il en ait trois, Si preu, si saige, si cortois, Ne qui si aient a un chois E qui ëust toutes a ; 60, A De maintes en tret ; B omet ce vers ; C intervertit et change : Mes je ne sai mie son non Molt par estoit de grant renon. D Et de maintes en resamblot, F Comparer le vueil au fill Lot.

v. 46-49. On dit : pour bien naviguer, il faut bien ramer. Celui qui vient de la haute mer à la rive, celui qui arrive au port du bien dire, les rois et les comtes les en prisent davantage. *L'en prisent : le* se rapporte à l'idée.

v. 52. Ce prologue traînant, émaillé de proverbes à la Sancho Pança, a beaucoup d'analogues. Pour les idées exprimées, comparer particulièrement le prologue du *Lai d'Aristote,* qui est d'ailleurs infiniment plus élégant (Montaiglon et Raynaud, *Fabliaux,* V), et celui du *Vilain au buffet,* ibidem, III, LXXX.

v. 55. Cette région frontière, province de l'Empire, qui comprend la Lorraine et l'Allemagne (au sens géographique d'*Alamania*).

v. 60. *Gauvain, fils de Lot.* Sur Loth, roi de Lothian, v. *Hisi. Litt.,* t. XXX, p. 30. G. Paris a réuni (ibid.) les plus anciens témoignages sur les prouesses de Gauvain, devenu le type des chevaliers accomplis. Voir notamment un texte du *Brut* de Wace.

Gauvain, si come nos dison.
Mais je n'oï onques son non,
Ne je ne sai se point en ot.
Proece et cortoisie l'ot
65 Eslit a estre siens demaine;
De la despense qu'il demaine
Se merveillent tuit si acointe;
Ne trop emparlé ne trop cointe
Nel trovissiés por sa proece.
70 Il n'iere pas de grant richece,
Mais il se sot mout bien avoir:
Bien sot prendre en un lieu l'avoir
Et metre la ou point n'en ot.
Dame ne pucele n'en ot
75 Parler, qui durement nel prist,
N'onques a nule ne s'en prist,
Bien a certes, qu'il n'en fust bien;
Car il estoit sor tote rien
Et frans et dous et debonaire.
80 Quant que chascuns en vousist faire
En pëust faire entor ostel;
Mais, as armes, autre que tel
Le trovast on, que je ne di:
Estout et ireus et hardi,

61, B mon seignour Gauvain, ce dit on, D lison; 62, A mes nus n'oï, B mais ains ne pou, D mais ge ne soi; 63, C Mais je ne sai s'il non ot, D ne ne sai s'onques; 64, D hennor et largece et sens ot, F Largesce et honnour et sens l'ot; 65, B son, C en son; 66, C de la pensée; 67, A s'esm. F s'en merv.; 68, F *Jubinal imprime à tort* emporté *qui n'est ni dans le ms. de Paris ni dans celui de La Haye*; 69, DF nel trovast nus; C ne de richece; 70, A Il n'ert mie de grant, B Il n'ert pas de trop g. D Il n'avoit mie g. F Il n'ert pas de trop grant; 71, B se set molt bel, E se savoit bien; 72, C sot metre; 74, ABE Pucele ne dame; 75, AB qui molt ne l'aint et prist, C parler durement ne l'emprist; 76, BCD Onques, F *porte contrairement au texte de Jubinal* « s'emprist »; 77, D A certes non, E a certes que il; 78, F Tant par estoit; 79, D et preuz et dolz; 80, C en voloit, D Et chascuns pooit de lui faire Quanque voloit, F que chascuns pooit d. l. fere Quanqu'il vosist entour (*et non* en tout, *Jubinal*), C en son ostel; 83, AC Le trovissiez, E plus que ne di; 84, B Vaillant i estoit; CD Estoit et irous.

v. 81. *entor ostel* et *as armes* s'opposent en vieux français comme en latin *domi militiæque* (cf. vers 418). « On le trouverait aux armes autre que tel que je dis. » Cf. Bruit as chans et joie a l'ostel, Jubinal, *N. Rec.*, t. I, p. 338.

85 Quant il avoit l'eaume en son chief.
　　Bien sot un renc de chief en chief
　　Cherchier por une joste faire.
　　A ce ot torné son afaire
　　Li chevaliers dont je vos di,
90 Qu'il vousist que chascun lundi
　　Qu'il estoit, que il en fust deus.
　　Onques chevalier ne fist Deus
　　Si preu d'armes come il estoit.
　　Ce n'iert mie cil qui vestoit
95 Sa robe d'esté en yver.
　　Plus donoit il et gris et vair
　　C'uns autres de dis tans d'avoir,
　　Et tos jors vout o lui avoir
　　Set compagnons o cinq au mains ;
100 Ne ja rien ne tenist as mains,
　　S'on le vousist, qu'on ne l'ëust.
　　Deduit d'oiseaus, quant li lëust,
　　Ama, que je ne mespris mie.
　　Il sot d'eschiés et d'escremie
105 Et d'autres geus plus que Tristans.
　　Mout ot bon mai un bien lonc tans
　　Et mout se fist amer as gens.

85, C Quant il ot l'iaume lacheé, D Puisquil ot le heaume ei, F le hiaume el; 86, D el ranc; 88, D Quar en ce ot mis; 89, DF que je; 90, CFll vausist, D si volsist; 91, F Qu'il ert d'armes, A qu'il en fussent; 92, ABC N'onques chevaliers ne fu teus; 93, AB si peneus, F si jolis; 94, AB Ce n'est mie, C che nert pas chieus, D Ce n'iert pas celui, E Ce n'estoit pas cil; 95, ABC a yver; F en l'yver; 96, D vestoit il; 97, B c'uns autres dix; 98, AB veut, C Tous jours vaut avoec li; E voloit il avoir, F ades vault entour lui; 99, CF ou sis; D sis comp.

100, D qu'il tenist; 101, AB que on n'e. ; C s'en nel v. c'on n'eust, D si le volsist qu'il ne l'e., F que nulz v., qu'il ne l'e. ; 102, A quant lui pleust, D le deduit d'o quant lui plut; 103, DE despris; 104, D Molt sot, F et sot; 106, CF et molt lonc tans, D un poi de tant; 108, D quar il estoit, BDE et biaus et genz; 109, C frans et larges, C *intervertit 109, 110*; F frans et courtois; 110, AB si ert, C il ert, E et si estoit; 111, B Et ce, D puet bien ; 112, E qui est et d; 113 E *intervertit* 113 *et* 114; Que ele en velt estre.

v. 87. *cherchier un renc.* cf. Godefroy sous *cherchier*; cf. aussi, comme plus explicite, une pièce lyrique attribuée à Huon d'Oisi par les deux mss. qui l'ont conservée, et p. p. Dinaux, *Trouv. Cambrésiens*, p. 113. L'explication de cette manœuvre des tournois est assez clairement donnée par un passage du *Bachelier d'armes* (Jubinal, *Nouv. Rec.*, I, p. 336.)

Il iert de cors et de bras gens,
Et frans et legiers et isneaus,
110 Et s'iert encor plus preus que beaus :
Tot ce doit bien chevaliers estre.
Amors, qui se fait dame et maistre
De ceus dont ele est al deseure,
En ce bon point li corut seure,
115 Qu'ele en vout avoir le tréu
Del grant deduit qu'il ot éu
De mainte dame en son eage,
N'onques servise ne homage
Ne li fist, entrues qu'il li lut.
120 Por ce qu'il ne se reconut
A son home n'a son baillieu,
Se li fist en tans et en lieu
Sentir son pooir et sa force.
Onques Tristans, qui fu a force
125 Tondus come fous por Isot,
N'ot le tiers d'ahan que cil ot,
De ci qu'il en ot sa pais faite.
Ele li a saiete traite
Parmi le cors jusqu'al penon.
130 La grant beauté et le dous non
D'une dame li mist el cuer.

114, D et en... cort; 115, AB Ele E et si v.; 116, D d'un grant, F des granz A qu'il a éu; 118, AB ne ainc; 119, AB ne l'en f. C de treues q. F d'entrues; 120, C que ne secourut; 122, B se il fist; 124, E C'onques; 125, A comme sot; 126, AB com cil F le quart; 127, C de si qu'il ot D dusque tant F jusques il ot sa paie f.; 128, AB li ot B trete saiette C amours li; 130, C le grant non; 131, C qui mist en D li maint.

v. 111. Ce portrait idéal du chevalier a souvent été tracé, avec des traits semblables à ceux du lai, par les poètes du moyen-âge. Comparez spécialement le joli poème du *Bachelier d'armes* (Jubinal, *Nouv. Rec.*, t. I, p. 327). Le jeune chevalier doit être, comme est le nôtre, « frans de cuer et jolis de cors, debonaire comme l'oiseaus dontés et apris, douz et humles et poi parliers »; il doit honorer toutes les femmes en souvenir de la Vierge, et « pour ce que tous [de] femmes viennent »; il doit prendre le frein aux dents dès qu'il s'agit de chevalerie; il doit être large de ses biens au profit des pauvres chevaliers et des ménestrels, etc.

v. 124. *a force*, avec des ciseaux.

v. 125. *Sur les folies de Tristan*, v. l'article de M. Lutoslawski, *Romania*, t. XV, p. 511.

Or li convient a geter puer
Totes les autres por cesti.
De maintes en avoit parti
135 Son cuer, que nule n'en amoit;
Mais or set il sans dote et voit
Qu'il li convient tot metre ensemble
Por celi servir qui li semble
Li rubis de totes beautés,
140 Li sens, la deboneretés.
La grant douçors de son cler vis
Li est, ce li est bien avis,
Devant ses ieus et jor et nuit.
N'est joie qui ne li anuit
145 Fors seus li pensers a cesti.
De tant li a bon plait basti
Amors, qui le conoissoit bien,
C'onques nule si plesant rien
Qui fame fust n'avoit vëue.
150 Ce dist, et s'en trait sa vëue
A garant que il dit verté.
« Ahi ! fait il, tante averté
Ai fait de moi et tant dangier !
Or veut Deus par ceste vengier
155 Celes qui m'ont seules amé.
Certes mar ai desaasmé
Ceus qui d'amors erent sorpris ;
Or m'a Amors en tel point mis
Qu'ele veut que son pooir sache.
160 Onques vilains cui barbiers sache
Les dens ne fu si angoisseus. »
Ce pense et dit quant il est seus ;

132, AB li convint; EF Or li estuet a; F estuet il g.; D tot giter; 133, C celi, D célui, E cestui. Les vers 134-145 manquent à D et à F. 134, CE s'en estoit partis (E parti); 135, C ses cuers; 138, E ceste; 140, C li deb. 141, E biauté; 144, AB Il n'est j. ne, C Il n'est riens qui; 145, E fors que C a celi; 146, F li ot; 147, DF la connoissoit; 148, AB N'onques E Onques D N'onques ne vi ; 149, D comme ele estoit; 150, D si en ; 151, C A tesmoing, AB qu'il a dit verité DE qu'il a dit verté, E verité ; 152, F Jubinal lit à tort ami AB tant adversité, C tant kierté ; 153, E J'ai fet; 155, F seules m'ont; 156, AB mesaesmé, F mesaamé;157, D Ceus qui erent d'a. E Fet cil qui d'a. ert;158, EF pris; D Or l'a Amors;159, F Que je comperrai mon outrage ; 160, D Onques cui barbiers arrache.
v. 152. J'ai été si avare de mon amour...

Ne ja, son vuel, ne fesist el ;
N'onques mais hom en si cruel
165 Point ne fu come Amors l'a mis.
« Las ! fait il, se je sui amis,
Que sera ce, se n'est amie ?
Ce ne sai je, ne ne voi mie
Coment je puisse vivre un jor.
170 Deduis d'errer ne de sejor
Ne me puet mon mal alaschier.
Or n'i a fors del tenir chier
Ceus qui la vont o ele maint :
Car, por ce faire, ont ëu maint
175 De lor dame joie et solas.
Car m'ëust ceste fait un las
De ses deus bras entor mon col !
Tote nuit songe que l'acol
Et qu'ele m'estraint et embrace.
180 Li esveilliers me desembrace
En ce qui plus me delitast.
Lors quier par mon lit et atast
Son bel cors qui m'art et esprent.
Mais, las ! qui ne trueve ne prent !
185 C'est avenu moi et maint autre,
Mainte fois : or ne puet estre autre.
Aler o envoier m'estuet
Proier, quant autre estre ne puet,
Qu'ele ait de moi merci en fin,
190 Et que, por Deu, ains que je fin,
Qu'ele ait pitié de ma destrece,

164, CDE Onques AB mais en si tres c., C mais entre si, D nus hom ; 165, B Point manque ; 166, C se j'estoie ; 167, C se n'ert, ABF n'est m'a. ; 168, D ne voi ge ne ne sai ; F Je ne sai, je ne le voi ; 170, F Deduit d'armes ; 171, ABC mon cuer, AB solacier, F alegier ; 172, ABC de tenir ; 174, D por son afaire ont ; 175, ABC de lor amor ; 176, BF C'or, CD ele fait ; 177, B dolz bras, F biaus bras ; DE le col ; 180, B li resveilliers ; 181, F et si tast ; 182, F son gent ; 184, F Hai ! qui ne *(Jubinal a mal lu)*, B que treuve ; 186, C maintes ; D molt de fois, C si ; F mais ne ; 187-188 *manquent dans B* ; AD puis qu'autre ; 189, D qu'ele est pitié ; 191, E Ele me ; 191-192 *Ces deux vers manquent dans ABF* ; D qu'ele ait proier ; 194, C Ele averoit trop peu de sens ; F Qu'elle auroit bien perdu son sens ; 195, AB perisse, F morusse ; 196, C que je le visse, D de mon cuer, F Bien croi que en son cuer deusse Pitié trouver par ses douz iex.

Et que, par sa grant gentillece,
Qu'ele me gart et vie et sens.
Ele i auroit un mains des siens
195 S'ele sofroit que je morisse.
S'est bien drois que de son cuer isse
Pitiés, et douçors de ses ieus.
Mais je cuit qu'il me vendroit mieus
Li alers que se j'i envoi.
200 On dit : « N'i a tel come soi, »
Ne nus n'iroit si volentiers.
On dit piece a que li mestiers
Aprent l'home et la grant sofraite.
Puis que j'i ai raison atraite,
205 Il n'i a se de l'aler non
Dire qu'ele a en sa prison
Mon cuer, qui de gré s'i est mis :
Ja devant qu'il ait non amis
N'en quiert eschaper por destrece.
210 Gentillece, pitiés, largece
La devroit a ce esmovoir. »
Il s'est atornés por movoir,
Soi tiers de compagnons sans plus.
Ne sai que vos desisse plus :
215 Il monte, et vallet jusqu'a sis ;
Il chevauche liés et pensis
En son penser et en sa voie.
Ses compagnons oste et desvoie
De la voie de son penser,
220 Qu'il ne se puissent apenser
De la raison de son voiage.

197, AB Doucors et pitiez ; 198, AB me venist, F m'i vaudroit, E Si cuit bien qui me ; 199, B que se j'e ; C Aler que se j'e ; D li alers ou que j'e ; 200, AB L'en d. ; 202, ABC, Pieca qu'on dit ; 204, BC, ge ai, E parole atrete ; 205, E se d'aler ; 207, E qui *manque* ; 209, BDE quier, C N'en ert escapés ; DF departir por ; AB por tristesce ; 210, F et pitiez et ce Que je l'aim m'i doit bien valoir ; 211, D devroit pitié esmouvoir ; 212, D Il est ; 214, C vos en die, D que g'en deisse ; 215, C Il montent ; 216, CF Et chevauche ; 217, C Celant son p. ; DE A son p. et a ; F A ses amours et a ; 218, F S'envoisëure oste et desvoie Ses compagnons de son penser ; 220, AB, Qu'il ne s'en ; 221, AB En la ; CF de l'ochoison ; D a la raison.

Il dit qu'il chevauche a grant rage,
Celant son penser et sa voie,
Tant qu'il vinrent a la monjoie
225 Du chastel o cele manoit.
Fait li sire qui les menoit :
« Veés com cist chasteaus siet bien ! »
Il nel disoit pas tant por rien
Qui montast as fossés n'as murs,
230 Com por savoir se ses eürs
L'avoit encor si haut monté
Qu'il parlassent de la beauté
De la dame qu'il va veoir.
Font cil : « Vos en devés avoir
235 Grant honte ; car mal avés fait,
Qui ainçois nos avés retrait
Le chastel, que la bele dame
Dont chascuns dit bien qu'el roiame
N'a si cortoise ne si bele.
240 Or tot coi ! font il ; car se ele
Savoit com vos avés mespris,
Il vos venroit mieus estre pris
As Turs et menés el Chaaire ! »

222, D Or dit, F Dient ; 223, AB Celant son penser soz sa joie ; F et sa joie ; C En son penser et en sa voie ; D Celant son penser sor sa voie ; 226, A quis i ; B qui i ; 227, C *ajoute* Et com illueques avient bien. Il nel disoit pas tant pour chou Ne qu'il acontast aichou Affossés n'as murs qui i fust ; 229, A Qu'il montrast ; BE qu'il m. ; 230, AB Mes por, C fors por, D Tant com il fait por ses eürs, F que por ; 231, A L'auroit, C L'ëust AB si amonté ; 232, F que parlassent, *Jubinal a mal lu.* CE bonté ; 233, AB qu'il aloit ; D a la dame ; 234, ABC Font il ; E vous devriez. 235, F *ajoute* : Grant honte en ce ramentevoir Chevalier qui tant cuide avoir Bones teches et si bien fait ; D l'avez fet ; 236, F que vous avez avant r. ; 238, CF dit qu'en un roiaume ; 240, C Et sachiez bien, font il, se ele ; D Or tost certes, font il, que ele ; F Or sachiez bien de voir, se ele ; 242, D entrepris ; 243, C a cauuaire ; D en chaiere, E en chaere.

v. 223. Le texte de ABF offre une nuance de pensée plus fine : Celant son penser sos sa joie (F, et sa j.). J'adopte pourtant le texte de CDE : il est manifeste que le poète s'amuse à ramener pour la troisième fois les mots *penser, voie*, et ce retour de mots associés est *de style* dans nombre de poèmes.

v. 243. Les textes que j'ai vus disent tous *le Caire*. On peut admettre peut-être *en Chaaire* par analogie avec *en Babiloine* (*Geste des Chiprois*, éd. G Raynaud, p. 111, 165, 181, 200, etc..., Barbazan et Méon, IV, p. 326, *En Babiloine la cité*). Mais nous pouvons lire dans nos manuscrits *eu chaaire*, et écrire *el*.

Il dist en sosriant : « Hé ! taire !
245 Or, seignor, or, tot belement !
Menés me un poi mains durement,
Car je n'i ai mort deservie.
Il n'en est nus dont j'aie envie,
Des chasteaus, se de cestui non ;
250 Je voudroie estre en la prison
Salehadin cinq ans ou sis,
Par si que il fust miens, assis
Si come est, s'en fusse sëurs,
Et quant qu'il a dedans ses murs. »
255 Font cil : « S'en seriés trop sire ! »
Il n'entendent pas a ce dire
Le sofisme qu'il lor fesoit :
Li bons chevaliers nel disoit
Se por oïr non qu'il diroient.
260 Il lor demande s'il l'iroient
Veoir. — « Que feriens nos donques ? »
Font il ; « chevaliers ne doit onques
Trespasser n'en chemin n'en voie
Bele dame, qu'il ne la voie ».
265 Fait cil : « Je m'en tien bien a vos,

244, C Il prist, F Fit il ; A hecaire, B hezcaire, C adaire, D arriere, E aere, F aaire ; 245, AB Seignor, por Dieu, or b. ; D Or seignor trestot ; F Biaux seignor, or tout b. ; 246, D moi un poi d. ; E me un mains d. ; 247, DF Que je ; 248, AB Il n'est citez ; F Qu'il n'en est nus ; 249, AB Ne chastiaus, CE de ch. ; B ce d'estui ; 250, D Quar fusse je or, E Je vorroie estre en ; 252, On ne sait s'il faut lire dans les mss. *miens* ou *mieus*, sauf dans C qui écrit *mieus* et D *miens ;* F icis ; 253, F Comme il est et quant qu'il y a Qu'entre les quatre portes a ; E qu'en fusse s. 255, A Si en seriez, C Si esteriez, E vos seriez, F Vous averiez, font il, tort, sire ; 256, BC Il n'entendoit, D Il n'entendirent pas a dire E a son dire ; 258, F que li bons chevaliers disoit Et pour savoir que il diroient ; C Ki lor disoit ; 259, E oïr mon qu'il ; 261, D *ajoute :* Veoir la dame de la maison Qui de biauté a tel renon. A Que feriemes ; C et que feriens, E que feromes nos, F et que ferons nous ; 263-4, AB ne chemin ne voie Ou bele dame ait qu'il nel voie, CF ne chemin ne voie ; 265, AB il, C Il dist, D Font cil, F fet il, a vous.

v. 246. Cf. encore l'hémistiche du *Misanthrope* : « Prenez-le un peu moins haut. »

v. 255. *S'en seriez trop sire.* Cf. Jubinal, *Nouv. Rec.*, t. I, p. 238 :

Se j'avoie l'amor que j'ai pris a mon chois,
J'en seroie plus sire qu'a estre quens de Blois.

Et si le lo et vuel que nos
I alon, quant raisons l'aporte.
Atant guenchissent vers la porte
Chascuns la teste du destrier,
270 Criant : « As dames, chevalier ! »
A tel voiage tel tençon !
Sor frein s'en vont a esperon,
Tant qu'il vinrent en la ferté ;
Il ont le premier baile outré,
275 Clos de fossés et de palis.
Li sire avoit devant son pis
Torné son mantel en chantel,
Et sorcot d'hermine trop bel
De soie en graine et d'escureus ;
280 Autretel avoit chascuns d'eus,
Et chemise ridée et blanche,
Et chapel de fleurs et de venche,
Et esperons a or vermeus.
Je ne sai que il fussent mieus

266, DE Et je (E si) le vueil et lo que nos, F Je lo donques et v. ; 267, D se raisons ne l'a. ; 268, C tornent devers, F tornerent; 269, AB le regne ; 270, ABE as armes. 271, AB A tel vois et a tel, C A tel voiage tel jouent, D 271 *et* 272 *manquent*, F tel chanson ; 272, C s'en voit esperonnant, F Poignant s'en ; 273, AB a la f., D Tant qu'il sont el chastel entré, F Au chastel et sont ens entré ; 274, DEF un nouvel b. ; 276, AB son vis, CF devant lui mis ; 277, C Son escut tourné en, F Son mantel torné ; 278, AB herminé, DE molt bel, F Et son surcot fres et novel. *Les vers 280-3 manquent dans AB* ; 279, C bien goutex, D graine et chascuns d'els ; 280 ss., F D'escarlate et de vairs entiers, Molt vestoit tous jours volentiers Chemise deliie et blanche ; 280, C Et por veoir s'a voir chascuns d'iaus, D Avoit bon mantel d'escureus ; 281, C Chemise r. molt b. ; 282, D un chapel de flor inde et blanche, F Chapelet ot de flour de venche ; 283, C dorés ; 284, C que je fuisse, D qu'il i fussent, E comment fussent, F comment il fust.

v. 271. Ce vers doit sans doute être compris comme une réflexion du poète : cette *tençon* (cette discussion) est bien digne de ce voyage.

v. 274. *Baile* : sur le sens technique du mot, cf. W. Borsdorf, *die Burg in Claris und Laris*, diss. de Berlin, 1890, p. 23.

v. 283. La forme *vermieus* que semblerait exiger la rime *mieus*, est douteuse. On pourrait pourtant l'admettre peut-être comme une sorte de compromis entre la forme francienne et celle du dialecte du poète, qui prononçait peut-être *vermiaus* comme en Champagne. Adoptant *vermeus*, il faudrait peut-être mettre *meus*, qui serait une forme dialectale. Mais la rime fréquente *siens : sens, sien : sen* prouve que notre poète n'a pas toujours rimé richement.

285 Plesamment vestu por l'esté.
Il ne sont nul lieu aresté
Jusqu'al perron devant la sale.
Chascuns valés encontre avale
As estriers, par fine raison ;
290 Li seneschaus de la maison
Les vit descendre en mi la cort :
D'une loge o il ert s'en cort
Dire a la dame la novele,
Que cil la vient veoir que ele
295 Conoissoit bien par oïr dire.
N'en devint pas vermeille d'ire
La dame, ains en ot grant merveille.
Desor une coute vermeille
Avoit errant esté treciée.
300 Elle s'est en estant dreciée,
La dame de trés grant beauté;
Ses puceles li ont geté
Au col un mantel de samis.
Avuec la grant beauté qu'a mis
305 Nature en li en son encontre,
Que qu'ele veut aler encontre,
Cil se hastent tant de venir
Qu'ainçois qu'ele pëust issir
De la chambre, i sont cil entré.
310 Al semblant que lor a monstré
Li est il bel de lor venue;
De tant poi comme ele est venue
Encontre eus, s'en font il mout lié.

285, C por esté ; 287, D pignon ; 288, F Il n'i a vallet qui ne sale ; 289, AB estres, D destriers ; 291, C ens en la court ; 293, E Dire sa dame, F a sa ; 294, C venoit ; 295, F *Jubinal omet* bien ; 296, F El ne fu pas vermeille, CD Ne dev. ; 297, ABC Ainz li vint a, F de ce (*Jubinal* ci) n'iert mie de m. ; 299, AB lues droit, C lues este redrechie, E esté tantost trecie ; 301, F *ajoute* N'iert pas loye a la coronne; Uns chapiaux de fleurs acorone La dame de... ; 303, DE samit ; 304, D la beauté que j'ai dit, E c'ot mis ; 305, E si com l'en conte, F ot sens encontre ; 306, C Entrestant qu'ele aloit, DE volt ; 307, B rehaitent, A del, F du venir ; 308, DE peust venir ; 309, AB Fors de la c. i sont e., CE sont il F de la sale ; 310, C qui lor, D qu'il lor ; 311, C molt bel, F fu molt bel, E de sa venue ; 312, AB iert, F est issue ; 313, DE se font, F en sont.

Un chainse blanc et delié
315 Ot vestu la preus, la cortoise,
Qui traïnoit plus d'une toise
Après li, sor les jons menus :
« Sire, bien soiés vos venus,
Et vo compagnon ambedui ! »
320 Fait cele, qui bon jor ait hui,
Qu'ele est bien digne de l'avoir.
Si compagnon li distrent voir :
Or n'iert pas dame a trespasser.
Sa beautés les fait trespenser
325 Tos trois en lor salus rendant.
Ele prent par la main, riant,
Le seignor, sel maine seoir :
Or ot auques de son voloir
Quant delés li se fu assis.
330 Si compaignon sont bien apris :
Assis sont (ne li firent cuivre)
Sor un cofre ferré de cuivre,
Avuec deus seues damoiseles.
Que qu'il se deduisent a eles
335 En demandant plusors afaires,
Lor bons sire ne pensoit guaires
A eus, ains bée a son afaire;
Mais la gentis, la debonaire

314, D grant et d.; 316, A près d'une, B mieus d'u.; 319, C vostre c. trestuit; 320, C fait elle, E dit cele; 321, C Car bien est, F Qu'il est; 322, D compaignon redient, F li dient; 323, AF que n'e., E qu'el n'e., BDE n'est; 324, B respenser, C respasser, D nes pensser; 325, B en lor sans tandant, AF lor salu; 326, C Lors les p. par les mains, D errant; 327, C li sires sel, D et le fait s., F mena; 328, EF Or a; 329, BDF delés lui; 331, B queure, C Arriere vont, AB ne lor firent, C ne li fissent, F ne li font pas; 332, C s'asiet de coivre, D couvert de c.; 333, C Avoec aus de ses d., D deus gentix, E ses deus d., F deus sages; 334, B quoi que, AB delitent, C delitoient, F çou qu'il entendirent a e.; 335, C et demandent, D entendent a, F a demander; 336, ABC Li chevaliers, AB n'i p.; F n'entendi g.; 337, D Encore bée., ABE pense a; 338, F La gentix dame.

v. 331. *Faire cuivre* — être importun. Sur le mot plutôt picard *cuivroier*, cf. l'article de Scheler, *Chroniq. de Froissart*, éd. Kerwyn, t. XIX, p. 116, et sur le mot *cuivre*, Foerster, *Li Chevaliers as deus espées*, note du vers 4905, et *Liter. Centralblatt*, 1876, N° 1, col. 22.

Li set bien rendre par parole
340 Raison de quant qu'il l'aparole,
Qu'ele ert mout cortoise et mout sage.
Cil li met adès el visage
Ses ieus por mirer sa beauté.
Mout les a bien pris a verté
345 Ses cuers, qui tos est en li mis,
Que, de quant qu'il li ont promis,
Li tesmoignent il ore bien
Qu'il ne li ont menti de rien :
Mout lui plaist ses vis et sa chiere.
350 « Bele trés douce amie chiere,
Fait il, por qui force de cuer
Me fait guerpir et geter puer
De totes autres mon penser,
Je vos sui venus presenter
355 Quant que je ai, force et pooir.
Si en puisse gié joie avoir,
Qu'il n'est riens nule que j'aim tant
Come vos, se Deus repentant
Me lait venir a sa merci ;
360 Et por ce sui je venus ci
Que je vuel que vos le sachiés,
Et que gentillece et pitiés
Vos en pregne, qu'il est mestiers;
Car qui en feroit as mostiers
365 Oroison, si feroit il bien,
Por ceus qui n'entendent a rien
S'a estre non leal ami. »
— « Ha! sire, por l'ame de mi,
Fait ele, c'avés ore dit ? »

339, AB par escole; 340, C de chou qu'il; 341, E estoit molt c. et sage, F Quar elle est; 343, F Il li tient adès; 344, F bien les a p. a grant verté; 345, C *intervertit les vers* 345-6, E qui s'est; 346, B qui, C que *manque*, E ot promis, F quar de; 347, C tesmoignoit ore molt, F Lor tesmoigne il ore; 350, ABF douce dame; 351, F *omet ce vers et le suivant*, CD fet cil; 355, F Tout mon service et; 356, F Quar si Dieux me doinst j.; 357, D riens que je aim autant, F Il n'est nulle que j'a. autant; 358, D por repentant, F vrai r.; 359, D a bone fin venir; 360, A Que por; 361, B *omet les vers* 361-4; 362, B Vir se gentillece, A Que gentelises et, D Que gentillece et p.; 364, DF au moustier; 367, C Fors a estre l.; 369, D por q'avez ce dit.

370 — « Se Deus me lait veoir lundi,
Dame, fait il, je vos di voir ;
Vos tote seule avés pooir
Sor moi plus que fame qui vive. »
La colors li croist et avive
375 De ce qu'il dit qu'il est tos siens.
Après a dit par mout grant sens :
« Certes, sire, je ne croi mie
Que si preudom soit sans amie
Que vos estes : nus nel croiroit ;
380 Vostre pris en abesseroit,
Et vos en vaudriés mout mains.
Si beaus hom de cors et de mains
De bras et de tote autre rien,
Vos me sauriés ja mout bien
385 Par parole par l'ueil atraire
La penne, et ce que ne vuel faire
A entendre par verité. »

370, D *manque*, F Foi que je doi Saint Esperit, E Molt me mervell dont si fet dit ; 371, fait il se Diex m'aist, F je dit tout v. ; 373, CD dame ; 374, AE l'en croist ; 375, C que il ert siens, F A cest mot qu'il dist qu'il ; 376, C li dist, E Puis li a dit, F fet ele après, DE par molt beau sens ; 378, E biaus hom soit ; 381, F et vos ; 382, ABF de bras et de mains ; 383, ABF de cors, F et de cors et de t. rien ; 384, C saveriez ; 385, B et par l'atrere, C et par œil trere, D et par l'ueil traire, E par mi l'ueil, F Une plume trere par l'ueil ; 386, AB et ce que ne v., C a che que je voeil f., D et ce que je v., E et ce c'on ne doit fere, F Et ce cuidier que je mains vueil ; 387, ABCD A entendre par verité, E fere a entendre par verté, F Fere entendant.

v. 370. Cf. v. 90. La rime est singulière : E a un texte altéré, F a mis une banalité à la place d'un vers qu'il ne comprenait pas. Peut-être faudrait-il ne pas accepter ce vers dans le texte et le remplacer par une ligne de points. Tel quel, ce vers paraît signifier : Que Dieu ne me laisse pas vivre jusqu'à lundi, si je ne vous dis pas vrai.
v. 384-387. Ces vers sont difficiles et l'étaient déjà pour nos copistes. Qu'est-ce que *traire par l'œil la penne*? On ne saurait lire *peine* ni comprendre *attirer de la peine par vos œillades*. Deux mss. (EF) remplacent *la penne* par *la plume*. Ils entendaient sans doute *lancer dans l'œil la flèche (du dieu d'amour)*, et c'était un contre-sens. Je crois certain que le mot *penne* est ici l'une des formes nombreuses (v. Godefroy, s. v.) du mot *panne* = pièce d'étoffe. Le sens est donné par les vers suivants du *Valet qui d'aise a malaise se met*, Raynaud, *Fabl.*, II, v. 179-180 :

Or oiiés de la bone femme
Qui devant l'ueil li trait le pane.

= qui lui met un voile devant les yeux. Peut-être est-il permis de voir l'origine de cette expression métaphorique dans le conte populaire où une femme fait évader son

Bien l'a en son venir hurté
Par parole et desfait son conte,
390 Si com cil qui m'aprist le conte
Le m'a fait por voir entendant.
Il se sueffre a mener tendant,
Qu'il n'estoit riens que tant amast;
S'une autre le mesaesmast,
395 Il s'en sëust bien revengier;
Mais il est si en son dangier
Qu'il ne l'ose de rien desdire.
Puis li recommença a dire :
« Ha ! dame, merci, por pitié !
400 Vostre amors m'a fait sans faintié
Descovrir les maus que je sent.
Mout mal s'i acorde et asent
Vostre parole a vos beaus ieus,
Qui m'acueillirent orains mieus,
405 Al venir, et plus plesanment.
Et sachiés bien certainement
Que cortoisie fu qu'il firent :
Car trés l'eure qu'il primes virent,
N'enȝvirent il nul, c'est la some,

388, F de parole; 392, D Il se cuevre mener.; 393, B Il n'estoit, C car il n'est riens qu'il, D que n'estoit; 394, DE s'uns autre; 395, CD molt bien vengier; 396, D tant en, EF ert si; 397, DE osoit; 398, DE ainz li, F lors li; 399, CF dame fet il por; 400, C me fait sans fantisse, F Fine amours me fait; 401, F le mal; 402, C s'acorde, F Malement s'acorde; 403, AB et vos, C dous iex; 404, AB jehui m.; 406, EF Or s., C Et bien s.; 407, D Que molt grant c. firent, EF Ce fu c. qu'il; 408, AB des lors que, C Certes l'eure qui premiers, F quar puis; 409, A N'en virent ce ert, B ne virent nul, C Moi n'en virent nul, D N'en virent il, F [?] regarderent (entre crochets sont indiquées les lacunes du ms. F).

amant en mettant une pièce d'étoffe devant les yeux du mari. Ce conte extrêmement répandu, que Jean de Condé a mis en vers au moyen-âge (le *dit du Pliçon*) se trouve déjà dans Aristophane, *Les Fêtes de Cérès*, v. 498, ss. — Je comprends donc : Beau comme vous êtes, vous sauriez fort bien, par vos paroles, me mettre un voile devant les yeux et faire entendre ce que je ne veux pas. — L'expression *faire a entendre* qui a aussi embarrassé nos scribes est très correcte. (Voir Tobler, *Vermischte Beitræge ȝur franȝœsischen Grammatik*, p. 37, *Musage me fais a entendre*. — Par contre, rien de moins assuré que le texte que j'ai adopté pour le vers 385. Voir les variantes.

v. 388. *Bien l'a en son venir hurté*. Expression empruntée à la langue des tournois.

410 Qui si se vousist a vostre home
Tenir, com'je vuel sans faintise.
Douce dame, par gentelise,
Car le vos plaise a essaier !
Retenés moi a chevalier,
415 Et, quant vos plaira, a ami ;
Et ainçois un an et demi
M'aurés vos fait si preu et tel
Et as armes et a l'ostel,
Et tant aurés bien en moi mis
420 Que li nons c'on apele amis,
Se Deu plaist, ne m'iert ja veés. »
— « Li cuidiers que vos i avés, »
Fait ele après, « vos fait grant bien !
Je n'entendoie au regart rien
425 Se cortoisie non et sens ;
Mais vos l'avés en autre sens
Noté folement : si m'en poise.
Se je ne fusse si cortoise,
Il m'en pesast ja mout vers vos ;
430 Por c'est fole chose de nos,
Dames, qui sons mal percevans :
Quant cortoisie et beaus semblans
Nos maine a cortoisie faire,
Lors cuident tot lor autre afaire
435 Cil sospirant avoir trové.
Par vos l'ai je bien esprové,

410, DF si se tenist ; 411, F Comme je fais et, D Si comme ge faz̄ sanz f.; 412, A vo gent., B n'a gent. ; 413, AB otroier ; C Reteneme a vo. ; 416, AB Ainz que past, DE Quar anç., F [et ainç]ois ; 417, C et preu, F [M'aurez] vos fet ; 419, C arés vos en moi tant, E Et tant de bien en mon cors, F aurés en moi tant b. ; 421, D me sera donez ; 422, ABF en avés ; 423, E ele, vos en f. ; 426, AB assens ; 427, AB comme fols, C Tourné fol. ; 429, C peseroit, E ja durement, E *ajoute* : Mes il avient assez sovent — Quant aucune dame vaillant — Fet aucun chevalier semblant — De cortoisie et d'ennor fere — F je m'en corçaisse ja. ; 430, D molt est f. ; 431, B sont, D Dame si mal aparcevans, F dames, et moult mal p. ; 432, D Quar quant amors et bel senblant, F Quar quant parole ; 433, B les maine ; 434, C Lors i cuident un autre, D Dont quid., F Errant cuident tout l'autre afaire ; 435, C Cil souspirant ; 436, C bien entendu.

v. 428. *Si je n'avais été si courtoise (lors de votre arrivée.)*

Qu'ensi l'avés vos entendu.
Mieus vos venist avoir tendu
La fors une rois as colons :
440 Car se li ans estoit si lons
Et li demis com troi entier,
Ne sauriés tant esploitier,
Por rien que vos sëussiés faire,
Que je fusse si debonaire
445 Envers vos com j'estoie orains.
Li hom se doit bien garder, ains
Qu'il se lot, de qui il le fait. »
Or ne set cil, n'en dit n'en fait,
Qu'il puist faire ne devenir :
450 — « A mains ne puis je pas venir,
Dame, fait il, que j'ai esté.
Pitié et deboneretè
A il en vos, je n'en dot mie;
N'onques ne failli a amie
455 Nus, en la fin, qui bien amast.
Si me sui mis en mer sans mast
Por noier aussi com Tristans.
Coment que j'aie esté lonc tans
Sire de ma volenté faire,
460 A ce ai torné mon afaire
Que, se je n'ai merci anuit,
Jamais ne cuit que il m'anuit
Nule, quant j'istrai de cesti.

437, AB Ausi, C *manque*, E Tout ainsi l'avez, F ¡Vous avez en tel leu tendu, Certes, si comme nous cuidons Que si li ans, etc...; 439, D ou as biches ou as, E la hors; 440, EF que se; 441, C contre troi, F que troi; 442, AB ne sauriez vous, C ne saveriez tant, F ne porriez vous esp.; 443, F pëussiez; 444, E ausi d.; 445, AB je fui, D Vers vous comme, F g'estoie huimains; 446, F On se d. moult bien g.; 447, C K'il saiche de, E qu'il se vant de chose qu'il n'ait, F C'on se vit a qui; 448, A en dit, B set il, D set en dit ne, F Or ne voit cil en; 450, ABE Au mains, CDF ne doi je, AB faillir; 452, C ne d., F ou d.; 453, AB n'en doutez mie; 455, F En la fin n.; 456, CF Je me; 457, C Par voir ausi; 458, D combien que; 460, C A el ai; 461, F Se vous n'en prent; 462, C *passe ce vers*, D ne quit jamais qu'ele m'aist, E que m'i anuit, F qu'il m'en anuit.

v. 463. A quoi se rapporte *nule*? *Afaire* est masculin; *nule dame* n'aurait pas de sens. Il faut, je crois, traduire par *rien*, au sens négatif moderne; cf. *tele*, v. 467, et l'italien *nulla*. — *Cesti*, au sens neutre, comme *nule*.

Itel plait m'a mes cuers basti,
465 Qui en vos s'est mis sans congié. »
En fesant un petit ris : « — Gié,
Fait ele, ains mais tele n'oï !
Or puet bien demorer ensi,
Puis que je voi que n'est a gas :
470 Encore, par saint Nicolas,
Cuidoie que vos gabissiés. »
— « En non Deu, neis se vos fussiés
Une povre garce esgarée,
Bele douce dame honorée,
475 Ne m'en sëusse j'entremetre. »
Riens qu'il puist dire ne prometre
Ne li puet a ce rien valoir
Que il ja joie doie avoir
De li : si ne set que il face.
480 Li vermeus li monte en la face
Et les larmes del cuer as ieus,
Si que li blans et li vermeus
L'en moille contreval le vis.
Or est il bien la dame avis,
485 Ne li fausse pas de covent
Ses cuers ; ains set bien que sovent
L'en sovient il aillors qu'iluec.
Certes, s'or en plorast avuec,
La dame mout fesist grant bien.

464, C mes cuers me b., D m'a amors b. ; 465, BC est mis ; 466, AB Un petit en f. ris, D un petit congié, E petit ditié, C *ajoute* : Dont je ai molt men cuer blechié — En faissant un petit risset — Molt plaisant et molt netelet — Et molt avenamment li sist — Dont mes cuers molt s'en esjoïst ; 467, C Certes fait cele ains n'oi, F onques mais tel ; 468, F Il puet bien remanoir ; 469, AB c'est a gas, C che est a gas, D ce est gas, E puisque voi que n'est pas a, F quant j'oi que ça n'est pas a ; 470, D cuidoige ; 471, D encor que vos vos gab., C que me g. ; 472, A Dieu, dame, se, B ne se vos f., C Dieu fait il, se, D En non nes, E Certes dame, se, F En non Dieu n'ai ; 473, C fole g. ; 474, ABF gentil d. ; 475, A ja ent ; 476, A pust, C qui puist, E que qu'il p. ; 477, E A ce ne li p., F Ne li puet aidier ne v. ; 478, AB que il puisse ja, C que ja en doie j., E qu'il en doie ja, F A enterine j. ; 479, C de li se ne, D s'il ne, F Por ce qu'il ne, AB qu'il en fasce ; 480, D li cort a ; 483, C Li mouille tout aval, D l'en cole, E li m. ; 485, F faille ; 486, A set bien, *Michel*, fet ; 487, AB L'en semont il, E s'ele plorast ; 488, AB la dame molt li fesist b., C molt plesist, D molt par fesist.

490 Ele ne cuidast ja por rien
Qu'il dëust estre si destrois :
« Sire, fait ele, n'est pas drois,
Por Deu, que j'aim ne vos ne home :
Que j'ai mon seignor, mon prodome,
495 Qui mout me sert bien et honore. »
— « Ha ! dame, fait il, a bone ore !
Par foi, ce doit il estre liés ;
Mais se gentillece et pitiés
Vos prenoit de moi, et franchise,
500 Ja nus qui d'amors chant ne lise
Ne vos en tendroit a pior,
Ains feriés al siecle honor.
Se vos me voliés amer,
A une voie d'outremer
505 En porriés l'aumosne aatir.
Or me faites de vos partir. »
— « Sire, fait ele, c'iert plus lait :
Mes cuers ne me sueffre ne lait
Acorder en nule maniere.

490, D Qu'ele ne cuidast, F pour nulle r. ; 491, C que s'il deust iestre d. ; 492, C dist ele, E il n'est; 493, D que je ainge vos ne autre, E que je aime vos ne autre h., F certes, que ; 494, AB et preud., C Car j'ai, D J'aime mon, EF molt preud. ; 495, F qui forment ; 496, D se dieu me sequeure ; 497, C molt en doit estre, E de ce doit il e. molt l., F certes ce doit ; 498, A Se gentilisces et, B Se gentilleses et, E et gentillece ; 499, C en franchiz, F vous prendroit ; 500, C cante et list ; 501, D au peor, F 498-501, *le dernier mot de chaque vers est effacé* ; 502, AB en feriez, E en feroit, F ainz feriez a [*lacune*] ; 503, C me daigniez ; 505, C l'emporiez, D en porrez ; 506, D Or me ferez, F Vous me ferez ; 507, AB c'estroit lait, C s'iert molt l., E c'est plus, F Ce dist la dame, c'iert ; 508, E ne m'i s., F ne m'i veult ne ne l.

v. 500. La première des règles d'amour d'André le Chapelain est ainsi formulée : *Causa conjugii ab amore non est excusatio recta*. C'est aussi l'étrange morale du perroquet de la nouvelle provençale :

« Papagay, be vuelh sapiatz
Qu'ieu am del mon lo pus aibit. »
— « E vos cal, dona ? » — « Mo marit. »
— « Jes del marit non es razos
Que sia del tot poderos..., etc...

Cf. le jugement de la comtesse de Champagne (*Romania*, XII, p. 524).

v. 505. Vous pourriez comparer l'aumône de votre amour (par les mérites que cette charité vous vaudrait) à un pèlerinage outre la mer.

510 Por ce, c'est oiseuse proiere ;
Si vos pri que vos en sofrés. »
— «_Ha ! dame, fait il, mort m'avés !
Gardés nel dites mais por rien,
Mais faites cortoisie et bien :
515 Retenés moi par un joel,
O par ceinture o par anel ;
O vos, retenés un des miens.
Et je vos creant qu'il n'iert riens
Que chevaliers face por dame,
520 Se j'en devoie perdre l'ame,
Si m'aït Deus, que ge ne face.
Vo vair ueil et vo clere face
Me puent de poi ostagier.
Je ai tot sos vostre dangier
525 Quant que je ai, force et pooir. »
— « Sire, je ne vuel pas avoir
Fait ele, le los sans le preu ;
Bien sai c'on vos tient a mout preu,
Et c'est piece a chose sëue.
530 Bien seroie ore decëue,

510, D Por ce est; 511, ABC *manquent,* D que vos m'en laissiez; 512, C dit il, D hai, fet il, m. m'auriez, ABC *ajoutent* : Se vous de moi merci n'avez; 513, E gardez nu fetes, F Pour Dieu ne; 517, AE recevez, F en prendez; 518, DEF qu'il n'ert biens, C n'est r., D quar il ert cortoisie et biens; 519, F doie por; 520, D m'ame, F Faire se j'en devoie l'ame; 521, C Douche dame que, D Enz en la fin, F Perdre en fin que je ne le f.; 522, C douch œl, DE Vostre doz vis vo, F Vostre clers vis et vo; 523, AB Me puet de molt poi justicier, C Ne porront por poi justicier, D Ne me puet de poi ostagier, E nè puent de pou ostagier, F Me pourroit pour peu estanchier; 524, C Car je suis sous, D Je me met tot en, E Ge sui toz en, F Que vous avez tout sans; 525, B j'en ai, F j'ai, et cors et avoir; 526, BC je nel, F n'en; 527, C dit elle, E Fet la dame; 528-530, *Les deux ou trois premiers mots de chaque vers manquent dans* F; 530, CD Molt seroie.

v. 511. Je vous prie donc de n'en plus parler désormais. — *Se soufrir = se taire.* Cf. Joinville, *extr. de G. Paris,* 555 : N'onques n'en peumes nul arester delés nous, dont j'en nomeroie bien, [desqueus *je me souferrai* : car mort sont ; mais de mon seignor Guion Mauvoisin ne *me souferrai mie.* Cf. Littré, s. v. Dans notre vers, *soufrir* est aussi pronominal, et *vos* est le régime.

v. 523. Ce vers n'est pas clair, et les variantes le sont moins encore. Peut-être faut-il comprendre : Vos beaux yeux, votre claire face me peuvent retenir en otage, en échange d'un bien petit don : le moindre joyau suffirait.

Se je vos metoie en la voie
De m'amor et je n'i avoie
Le cuer : ce seroit vilonie.
Il est une grant cortoisie
535 D'issir fors de blasme, qui puet. »
— « Dire tot el vos en estuet,
Dame, fait il, por moi garir.
Se vos me lessiés morir
Sans estre amés, ce seroit tece
540 Se cil beaus vis pleins de simplece
Estoit omecides de moi ;
Il en convient prendre conroi
Prochain, en aucune maniere.
Dame de beauté et maniere
545 De tos biens, por Deu, gardés i ! »
Cil bel mot plesant et poli
La font en un penser chëir,
D'endroit ce qu'ele veut oïr
Sa requeste, et s'en ot pitié.
550 Car ne tient a point de faintié
Les sospirs, les larmes qu'il pleure ;
Ains dit que force li cort seure
D'amors, qui tot ce li fait faire,
Ne que jamais si debonaire
555 Ami n'aura, se n'a cestui.
Mais ce que onques mais fors hui
N'en parla, li vient a merveille.
Avuec ce penser la traveille

531, AB s'or, D a la voie ; 532, C je n'avoie ; 534, C Il fait une ; 535, E d'issir hors ; 537-8, F Ah ! dame tout el vous estuet Dire fet il, p. ; 538, D m'i lessiez ; 539, C amis che sera, D Pour estre amez ; 540, F vo dous vis ; 542, C Vous en c. ; 543, AB De moi en aucune ; 544, F et lumiere, C en maniere ; 545, D penssez i ; 546, C Cil biel plaisant œil, F Cil douz mot ; 547, C me font, D en un endroit ; 548, D de ce qu'ele, F ce que ne v. ; 549, ABC et *manque*, F et s'en a ; 550, C Car n'i entent point, D car nel, E El ne le tient mie a, F tient mie de f. ; 551, C As souspirs n'as l. ; 552, D et dit, F Lors dit ; 554, D jamais nul si ; 555, DEF s'el na ; 556, C mais ne hui, F mais que hui ; 557, D l'en v., E lui vient, ABC vint ; 558, ABE le, CD se.

v. 542. Il convient que vous y avisiez prochainement.

Raisons, qui d'autre part l'opose
560 Qu'ele se gart de faire chose
Dont ele se repente al loin.
A celui qui ert en grant soin
Del penser o ele ert entrée,
A mout bele voie monstrée
565 D'une grant cortoisie faire
Amors, qui en tant maint afaire
A esté voiseuse et soutis.
Entrues qu'ele estoit, la gentis,
El penser la o ele estoit,
570 Il trait erranment de son doit
Son anel, si li mist el sien.
De ce fist il un greignor sen
Qu'il li desrompi son penser,
Que ains ne li lut a penser
575 De l'anel qu'ele avoit al doit.
A ce qu'ele mains se gardoit :
« Dame, fait il, a vo congié,
Sachiés que mes pooirs et gié
Est tos en vo comandement. »
580 Il se part de li erranment
Et si compagnon ambedui ;
Nus ne set l'ochoison, fors lui,
Por qu'il s'en est ainsi partis.
Il est sospirans et pensis ;

559, D amors qui; *Les vers 562-5 manquent dans* ABC; 562, DE de celui, E est en ; 564, F a trop; 565, D de molt grant; 566, AB tant maint besoing, C mal besoing; 567, AB esté sages et, C d'estre viseus et, D A esté cortoise et; 568, E Entrues que est, F En ce qu'ele estoit; 569, AB El penser la ou, C El penser de la u, DE El grant penser ou, F El penser ou elle entendoit; 570, AB Si tret, C Il atrait l'aniel, DE et il tret err., F Tret cil; 571, CE l'a mis el, C Esraument si, F un anel; 572, AB un molt grant sen, C que molt grant bien, D après a fet ausi grant, E Puis fist après; 573, ABC Si ert sousprise del penser F qu'il li rompi lues; 574, B que nis ne, CD Onques ne li lust, F qu'il ne li lëust; 575, AB qu'ele ot en son; 576, B que qu'elle mains, E A ce qu'ele ne se g., F Et quant elle; 577, C Dame dist il, F ma douce dame a vo; 578, D mon penser et ge, F Se dist il : Or m'en irai gié Ma douce dame a vo congié Et tout a vo; 580, C Lors se, D si s'en, E Cil se; 581-2, F ainz n'y fist plus d'arestoison, Nulz fors lui ne set l'achoison, E la raison fors lui; 583, C Por quoi en est, DE Porquoi il s'en depart, D ainsic, E issis F Porquoi s'en aloit ensi; 584, E Il fu.

585 Venus a son cheval, s'i monte.
Fait cele a cui le plus en monte
De lui remetre en sa leece :
« Iroit s'en il a certes ? qu'est ce ?
Ce ne fist onques chevaliers !
590 Je cuidasse c'uns ans entiers
Li fust assés mains lons d'un jor,
Mais qu'il fust o moi a sejor,
Et il m'a ja si tost lessiée !...
Ahi ! s'or me fusse plessiée
595 Vers lui de parole o de fait !
Por les faus semblans qu'il m'a fait
Doit l'en mais tot le mont mescroire !
Qui por plorer le vousist croire
Ne por faire ses faus sospirs,
600 Si me conseut li Sains Espirs,
Por ice n'i perdist il rien.
Nus ne guilast ore si bien
Ne si bel, c'est ore del mains. »
Atant envoie vers ses mains
605 Un regart, si choisi l'anel.
Tos li sans jusqu'el doit manel
Et jusqu'el pié li esfui,
N'onques mais si ne s'esbahi
Ne n'ot de rien si grant merveille.

585, DE Venuz est al cheval ; 586, A Et cele, B A cele, C dist cele a cui plus en amonte; 588, C Ira s'en il; 590, CF Je cuidoie cis ans; 591, AB mains cors; 592, C Puis que, F Por que, F lés moi; 594, AB se m'i f., C se me f.; 595, A de fez, D envers lui en dit ne en, F en parole ou en; 596, BCE par les, D faus soupirs, A qu'il m'a fez; 597, C on doit mais, EF doit on mais; 598, F Certes qui or le; 599, DE et por, F Pour plourer ne faire s.; 600, AB conseut sainz esperis, CD espris; 601, A ice hui, C ne perd., DE ja por ce, F Pour ce ne perdist il ja; 602, D onques nul jor ne fu si bien, C n'en gilla; 605, C si coist; 606, B menouel, BC jusqu'en d., D el cervel; 607, D et jusques as piés, EF de son pié, C li est fui, B est cluis, EF li esvanoi; 608, AB n'onques si ne s'esvanui, C ne onques ne s'esvanui, D onques. 609, B ne de rien n'ot.

v. 585. *Si* peut être aussi bien le pronon que la conjonction, *se monter a cheval* étant une expression attestée en vieux français.

v. 600. *Espirs* est le substantif verbal de *espirer*, cf. *Romania*, VII, 464.

610 La face qu'ele avoit vermeille
L'en devint trestote empalie.
« Qu'est ce, fait ele, Deus aïe !
Ne voi je l'anel qui fu siens ?
De tant sui je bien en mon sens
615 Que je vi orains en son doit
Cestui ? Ce fis mon ! Et que doit ?
Et por coi l'a il el mien mis ?
Ja n'est il mie mes amis,
Et si pens je qu'il le cuide estre.
620 Or est il, par Deu ! plus que maistre
De ceste art, ne sai qui l'aprist.
Deus ! coment fu ce qu'il me prist ?
A ce que je fui si sorprise
Que je ne m'en sui garde prise
625 De l'anel qu'il m'a el doit mis.
Or dira qu'il est mes amis :
Ce fera mon, je n'en dot mie ;
Dira il voir ? sui je s'amie ?
Nenil, por noient le diroit !
630 Ains li manderai orendroit
Que il viegne parler a mi
S'il veut que jel tiegne a ami :
Si li dirai qu'il le repregne.
Je ne cuit pas qu'il en mespregne
635 Vers moi, s'il ne veut que jel hace. »

610, AB li devint v. ; 611, AB Puis devint, C li devint la faice toute e. ; 612, D ele seinte marie ; 613, D j'avoie l'anel, E je voi ci, F voi je dont ; 614, C fuisse bien ; 615, ABF que jel vi, D huimain en ; 616, ABC Ce fis mon fet ele, E ele orendroit ; 617, C et *manque*, F ne pour quoi ; 618, D dont n'est ; 619, C et si pense, F Si cuit je bien ; 620, C par foi, F Moult a esté a sage mestre ; 621, F Et si ne sai je qui ; 622, AB Et comment vint ce, D mesprist, C Dieus com fuisse ensi qu'il li mist, E est ce qu'il me mist, F Mais comment ; 623, AB si prise, E si soutise ; 624, B *manque*. 626, E que c'est mes ; 527, ABC Dira il voir sui je s'amie, F Ensi dira je n'en ; 628, ABC Nenil car (C ke) ce seroit folie ; 629, ABC Certes por noient, F Mais por n. voir ; 630, C li couvera, D ainz le, F *omet ce vers et le suivant* ; 631, CE que le ; 634, C que il m.

v. 623. Je comprends ainsi : « Comment a-t-il fait pour me prendre de la sorte ? *Réponse* : Sans doute il a profité du moment où j'étais si surprise que, etc... »

Atant comande qu'on li face
Venir un valet tot monté.
Ses puceles l'ont tant hasté
Qu'il i est venus tos montés :
640 « Amis, fait ele, or tost hurtés !
Poignés après le chevalier ;
Dites li, si com il a chier
M'amor, qu'il ne voist en avant,
Mais viegne arrière maintenant
645 Parler a moi d'un sien afaire. »
— « Dame, fait il, je cuit bien faire
Vostre volenté jusqu'en son. »
Atant s'en part a esperon
Après le chevalier poignant,
650 Cui amors aloit destreignant
De cele qui l'envoie querre.
En mains d'une lieue de terre
L'a il ataint et retorné.
Sachiés qu'il se tient a buer né
655 De ce qu'on l'avoit remandé ;
Mais n'a pas au mès demandé
Por quoi on remandé l'avoit.
Li aneaus qu'ele avoit el doit
Iert l'achoison del remander ;
660 Ce li fist son oirre amender,
Que tart li est qu'il la revoie.
Li escuiers s'est en la voie

636, F Elle comm.; 638, D tost hasté; 639, C que chius est, F que cil est ; 640, C dist ele or tost montés, D Vallet, f. ele, tost alez, F Frere; 641, F après ce ; 644, F tout errant; 645 EF, d'un sien afaire; 646, C dist il bien le quit; 647, AB Vostre message, D Vostre voloir de chief en ; 648, F s'en torne ; 649, C le ch. errant ; 650, A Que, BDF Qui ; 651, AB Por celi ; 652, C Et qui le destraint molt et serre Li escuiers pararamanie [*sic, lire* par aramie], Dedens une heure et demie L'a il ataint, etc..., F A mains d'une ; 653, E l'a cil; 654, C qu'or se, F a bon né [*Jubinal lit mal*] ; 655, C de chou que le remanda, D de cele qu'il l'ot ; 656, DE Il n'a pas, E le mès; 657, BC demandé, C Por coi on l'avoit demandé, *et ajoute :* Tost le saura par verité, F s'il set pourquoi le redemandoit ; 658, B ou doit avoit ; 659, D de redemander, C *ajoute :* Plus li grevoit que riens qui soit, C'ert l'ochoisons ; 660, CD Ce li fait, C aprester; 661, ABC Car tart, D qu'il li est tart, E qu'il tarde cele qu'il le, F qu'il li est moult tart ; 662, BC est en.

Del retor a li acointiés.
Hé! Deus, com il en par fu liés,
665 Del retorner, se por ce non
Qu'il estoit en grant sospeçon
Qu'on ne li vousist l'anel rendre !
Il dit qu'il s'iroit ainçois rendre
A Cisteaus, qu'il le represist.
670 « Ne cuit pas qu'ele mespresist,
Fait il, envers moi, de tel uevre. »
La joie del retor li cuevre
Le penser dont il iert en dote.
Il est venus, a tant de rote
675 Comme il ot, vers la forterece.
La dame, qui, en grant destrece,
Estoit sor son cors deffendant,
Ist de la sale, descendant
Pas por pas aval le degré.
680 Porpenseement et de gré
Vient en la cort por li deduire.
L'anelet voit en son doit luire,
Qu'ele veut rendre al chevalier :
« S'il m'en fait ja point de dangier,
685 Fait ele, et il nel veut reprendre,
Por ce ne l'irai je pas prendre
Par ses beaus cheveus, se je puis ;

663, ACD de lui ; 664, E il fust ore liez, F Il ne fut onques mais si l. ; 665, C Del retour se por iche, F De voiage ; 666, F est en moultg ; 667, C de l'aniel qu'il le represist, D Qu'ele li veille, E Qu'el ne li veille, F Que nel remant pour ; 668, B avant r., F mes il dist qu'il s'iroit ains, AB dist. *Ce vers et le suivant manquent dans C*, AB repreïst ; 670, C entrepresist, F qu'ele en m. ; 671, ABC Envers moi, fet il, CDE de cele o., F Fet il vers moi d'une t. ; 673, C la pensée dont il se, AB est en ; 674, E *manque* ; 675, C Com il est, D quanqu'il pot envers la fortrece ; 676, CD a grant ; 677, D envers lui deffendant, EF et sor li deffendant ; 678, CD maintenant, F en desc. ; 679, CD les degrez, F *Jubinal lit à tort* pas a pas ; 680, F apensement, CD de grez ; 681, ABC Vint, C soi ded., E por moi d., F ala... por d. ; 682, AB En son doit vit, C L'anel vit en ; 683, DF qu'ele doit r. ; 684, C se il m'en f. point ; 686, E ne li leré je.

v. 668. La différence de sens *(se rendre a Cisteaus = y entrer comme moine)*, autorise cette rime.

Ains le menrai je sor ce puis,
Si parlerai iluec a lui.
690 S'il nel veut prendre sans anui,
J'en romprai mout tost la parole.
Coment ? Je n'iere pas si fole
Que je le giete en mi la voie...
Ou dont ? En tel lieu qu'on nel voie ;
695 Ce iert el puis, n'est pas mençonge.
Ja puis n'en iert ne que d'un songe
Chose dite, qui me messiece.
Dont n'ai je ore esté grant piece
O mon seignor sans vilonie,
700 Se cist, par sa chevalerie,
O par sospirer devant mi,
Veut ja que jel tiegne a ami
A cest premerain parlement ?
Il l'auroit ainçois durement
705 Deservi, se jel devoie estre ! »
Atant est cil entrés en l'estre,
Qui de tot ce ne se prent garde ;
Il voit celi qu'il mout esgarde
Volentiers aler par la cort.
710 Il descent lues et vers li cort,
Si com chevaliers fait vers dame.
Si dui compagnon ne nule ame

688, DF l'en merrai; 690, AB S'il le vuet p., F Et s'il nel prent; 691, AB romperai ci, A Je romp.; C Jou emprenderai ja; D ja n'en repenrai, F Tost l'en repenrai sa; 692, F ne ja de ce n'iere; 693, C je li meche en mi, F que jete puer; 694, AB Mes en tel l., C Ne en tel l. ou on le; 695, C ou dont el puch, D Ert ce el, F Droit en cel; 696, C plus n'en iert nes, D puis ne m'en; 697, CD dessiece; 698, D Enaige, F dont mar aurai; 699, F [la première syllabe de ce vers et du suivant manquent] longuement sans druerie; 704, BCE Il auroit, D il i aura ainz, F autrement; 705, DF s'il le devoit estre, D que il le doie; 708, A que molt, BC qui molt l'esg, E qui molt esg, F qui il esg; 710, D lors et, F contre lui c.; 711, F chevalier font; 712-3, AB n'ont nul asme De l'oster, C Si comp. ne nule autre.

v. 698. N'est-ce pas en vain que j'ai vécu si longtemps avec mon mari sans aucune vilenie, si.....

v. 705. *Se jel devoie estre : son amie*, qut n'est pas exprimé, mais qui est dans l'idée. Ce texte est plus autorisé que la variante : *s'il le devoit estre*.

De l'ostel ne li font anui.
Fait il : « Bone aventure ait hui
715 Ma dame, a cui je sui et iere ! »
Ne l'a ore en autre maniere
Ferue del poing lés l'oïe :
Ele a hui mainte chose oïe
Qui mout li toche près del cuer :
720 « Sire, fait ele, alons la fuer
Seoir sor ce puis por deduire. »
Or n'est il riens qui li puist nuire,
Ce dist, puis que l'aqueut si bel.
Bien cuide avoir par son anel
725 Conquise s'amor et sa grace :
Il n'est encor preu en la nace,
Por quoi il se doie esjoïr ;
Ains qu'il pëust lés li sëir,
Ot il chose qui li desplaist.
730 « Sire, fait ele, s'il vos plaist,
Dites moi, la vostre merci,
C'est vostre anel que je voi ci ?
Por coi le me lessastes ore ? »
— « Douce dame, » fait il, « encore
735 Quant m'en irai, si l'aurés vos.
Je vos dirai tot a estros,

713, F De laiens ne ; 714, AB A foi, bonne, C che dist ; 716, C m'a ore, F l'ai hui en ; 718, F tante chose ; 719, C qui moult li touche poi au, DF qui molt poi li touchent au c. ; 720, ABC dist ele, D ça f. ; 721, F lés ce ; 722, AB Il n'est chose qui ; 723, D ce dist ele puis que l'a. ; 724, E or cuide bien par ; F Tout cuide ; 725, E Avoir et s'amor et, F Recouvré s'a. ; 726, C Mais il n'en est pas bien aisse, D Mais n'est, E preu en la trace, F Mais il n'est pas encore a ce ; 727, B doit, C Por qu'il se doie resj. ; D por quoi se doie esj., E doive, F Qu'il se doie esjoïr ensi ; 728, C Puis qu'il pot, F qu'il a moult poi sis delez li ; 729, C N'ot il cose, F Quant il oy tout autre plait ; 730, C dist elle, D Dame fait il et com vos plaist ; 731, D Dirai le vos vostre, F Quar me dites par vo merci ; 732, E que je tien ci ; 733, CE donastes, F le lessastes vos ; 734, F En mon doit Si ferai encore ; 735, C quant je m'en irai l'averez, F Se dieu plaist quant je m'en irai ; 736, C Je le vos doins, D gel vous dorrai, E si vous dirai, ABCE ce sachiez vos, F Dame fet il si vous dirai.

v. 726. Il n'y a encore rien d'attrapé (*proprement*, il n'y a encore aucun profit), dans la nasse.

v. 736. *Tot a estros, en toute sincérité.* Le texte de ABCE semble plus autorisé ; mais il fait rimer le mot *vos* avec lui-même. On comprend que la cheville *ce sachiés vos* soit venue sous la plume de deux copistes indépendants, celui de y et celui de E.

Si nel tenés pas a faintié :
De tant vaut il mieus la moitié
Qu'il a en vostre doit esté.
740 S'il vos plesoit, en cest esté
Le sauroient mi anemi,
Se vos m'aviés a ami
Reçu, et je vos a amie. »
— « En non Deu, ce n'i a il mie,
745 Fait ele, ainçois i a tot el.
Ja puis n'istrai de cest ostel,
Si m'aït Deus, se morte non,
Que vos aurés ne cri ne non
De m'amor, por rien que je voie.
750 Vos n'en estes preu en la voie,
Ains en estes mout forvoiés.
Tenés, je vuel que vos l'aiés,
Vostre anel, que je n'en ruis mie.
Ja mar me tendrés a amie
755 Por garde que j'en aie faite. »
Or se despoire, or se deshaite
Cil qui cuidoit avoir tot pris :
« Mains en vaudroit, fait il, mes pris
Se c'est a certes que je oi ;
760 Onques mais nule joie n'oi
Que si tost me tornast a ire ! »
— « Coment donques, fait ele, sire,
Avés i vos anui ne honte
De moi, a cui noient ne monte

737, C Sel ne t. pas a faintise, D nel tenez a point de f., F Mais nel ; 738, B mieus de la ; 742, C Que vos m'avez a vostre, D se vos me tenez a ; 743, D Et je vous avoie a ; 744, D ce ne vueil ge mie ; 745, C ainz l'averai tot, D Sire fist ele ainz i a ; 746, D n'istrez ; 747, F Ce sachiez bien se ; 748, C qu'en ayez l'otroi ne ; 749, B que g'i voie, E que j'en voie ; 750, C estes mie, E estes pas ; 752, AB que vous aiez ; 753, CDE je n'en vuel mie ; 754, AB m'en ; 757, D toz pris ; 758, C vos pris, D Mielz en vaudroit, fait il, mon, E Fet il mains en, F Moult en vaudroit ja mieus mes ; 759, CE que je voi ; 761, A qui, F tost ne ; 762, F Comment fet elle biaus douz ; 763, AB Avez i donc, D Avez en vos, F vous n'i avez.

v. 753. *Que je n'en ruis mie.* Dans ce passage, nous admettons qu'il se forme un groupe CDE fautif contre ABF. On peut concevoir que trois copistes aient substitué le mot *vuel* au mot plus rare *ruis*.

765 Vers vos d'amor ne de lignage ?
Je ne fas mie grant outrage
Se je vos vuel vostre anel rendre.
Il le vos convient a reprendre ;
Car je n'ai droit al retenir,
770 Puis que je ne vos vuel tenir
A ami : car je mesferoie. »
— « Deus ! fait il, se je me feroie
D'un coutel trés par mi la coisse,
Ne me feroie tel angoisse
775 Come ces paroles me font !
Mal fait qui destruit et confont
Ce dont il puet estre al deseure !
Trop me cort force d'amors seure
Por vos, et met en grant destrece.
780 Chose n'est qui a ce me mece
Nule del mont, que jel repregne.
Ja puis, a foi ! Deus ne me pregne
A bone fin, que jel prendrai !
Mais vos l'aurés, et si lerai
785 Mon cuer avuec en vo servise,
N'il n'est riens qui a vo devise
Vos serve si bien ne si bel
Come entre mon cuer et l'anel. »
Fait ele : — « N'en parlés vos onques :

765, C d'amours vers vous, F A vous d'avoir ne ; 766, C mie grant hontaige, 768, DE Il n'i a voir fors del ; 770, CF Puis que ne vos vueil retenir ; D des que je nel vueil deservir ; 771, D Quar bien sai que je, F A ami je en ; 773, B trés *manque*, AB les cuisses : anguisses ; 774, C ne soufferoie je tant d'a., F ne me teroit il ; 775, C Ci font ; 777, AB Chose dont l'on est, DE on puet ; 778, A trop m'i, C Force d'amors me c. trop, F Trop durment me q. Amors ; 779, D por voir m'estuet en ; 780, B mette, C Car n'est cose qui vous conteche, D Ja mar baerait en destrece, EF ne ja mar baerez a ce ; 781, C que je nel saiche ains que je prengne, D nule de moi, F Pour rien du mont que je le pregne ; 782, ABC Ja Dieus a foi puis, F J'aim mieux que male mort me ; 783, CD quant jel, F Au jour que je le reprendrai ; 784, AB et si aurai, C et vous donrai, E et si vos lerai, DF et je ; 785, C a vo, D mon cuer avez vous deservise ; 786, D si n'est, EF qu'il n'est ; 787, CDF et si bel ; 789, C Elle dist n'en p. vous donques, F Elle li dist n'en p. onques.

v. 788. *Come entre mon cuer et l'anel.* Cf *Tobler, Vermischte Beitræge zur französischen Grammatik*, p. 224.

790 Car vos en perdriés adonques
　　 M'acointance et m'aseürté,
　　 Se vos contre ma volenté
　　 Voliés ore vers moi mesprendre.
　　 Il le vos convient a reprendre. »
795 — « Non fait ! » — « Si fait ! La n'a que dire,
　　 O vos estes mout plus que sire,
　　 Se vostre anuis a ce m'esforce
　　 Que vos le me vueilliés a force
　　 Mal gré mien faire retenir.
800 Tenés, ja mais nel quier tenir. »
　　 — « Si ferés ! » — « Je non ferai voir !
　　 Volés le me vos faire avoir
　　 A force ? » — « Naje, douce amie ;
　　 Bien sai tel pooir n'ai je mie.
805 Ce poise moi, si m'aït Deus !
　　 Ja puis vilonie ne deus
　　 Ne m'avendroit, c'est ma creance,
　　 Se vos en un poi d'esperance
　　 Me metés por reconforter. »
810 — « Vos porriés aussi bien hurter
　　 A cel perron le vostre chief,
　　 Que vos en venissiés a chief.
　　 Si lo que vos le repregniés. »
　　 — « Il semble que vos m'apregniés

790, ABCF en perderiez ; 791, A ma feauté, B seulté, D m'afinité, F m'amistié ; 792, EF outre ma ; 793, AB me voliez fere a vos entendre, C me faisiés ja vo anel prendre, E Me volez fere a vos mesprendre, F Volez donques vers moi m. ; 795, C chi n'a, D n'i a, F fait n'a que ; 796, F Dont seriez vous ; 797, C vos aniaus, B m'en force ; 798, CE par forche, D laissiez a f. ; 799, B maugré mi, D ne malgré mon cuer ret ; 800, F Dame jamais nel q. ; 801, D Ha si ferez non f. ; 802, F Volez le vous moi f. ; 803, AB bele amie, D voir amie, E nenil voir, F Sor mon pois naie ; 804, C que tel pooir n'ai mie, D la force n'avez mie, E ce pooir, F En non Dieu ce n'i a il mie ; 806, F *Jubinal passe ce vers* ; 807, D ne m'avenrra ; 809, EF pour conforter ; 810, B porrez, D poez, E ausi bien poriez h. ; 812, B que *manque*, CE *Le vers manque*, D qu'or en venriez, F Qu'en peüssiez venir ; 813, C *manque*, D si vueil, F Si vous lo que le r. ; 814, E Il m'est vis que, F *substitue ces vers* : Ha dame mais vous estaigniez La dolour qui m'esprent et art.

v. 796. *Mout plus que sire*. Je crois qu'il faut comprendre : Vous vous arrogez plus de droits encore qu'un mari.

815 Fait il, a chanter de Bernart.
Je me leroie ains une hart
Lacier el col, quel represisse;
Ne sai que je vos en fesisse
Lonc plait : al reprendre n'a rien. »
820 — « Sire, fait ele, or voi je bien
Que ce vos fait faire enresdie,
Quant parole que je vos die
Ne vos puet al prendre mener.
Or vos vuel je aconjurer :
825 Par la grant foi que me devés
Vos pri que vos le reprenés,
Si chier com vos avés m'amor. »
Or n'i a il en ceste error
Tor qu'un seul : qu'il ne li conviegne
830 A reprendre, o qu'ele nel tiegne
A desleal et a gengleus.
— Deus ! fait il, liquels de ces deus
M'est or partis li mains mauvais ?
Or sai je bien, se je li lais,
835 Qu'ele dira je ne l'aim mie.
Qui tant estraint crouste que mie

815, C Dist elle, E de renart; 816, CDF Ainz me lairoie a une hart; 817, A Poncier, C Pendre mon col, DE que gel preisse, F rompre le col ; 818, C que plus vous en desisse, F pour quoi je vous feisse ; 819, D qu'au r., F qu'el r. ; 821, B enresderie; 822, C Car p., E que por p. que je d. ; 823, C amener ; 824, A vos *manque*, C Premiers vos vœil ac., D Mais or vos v. ge conjurer, F or en vous v. je conjurer ; 825, D que sor la foi, AB par cele foi, F la grant foi que vous ; 826, D vos pri ge que vos le prenez, EF Et proier, E que le rep., F que vos le prenez ; 827-8, *manquent dans* F ; 828, D en Dieu enmor, E en Dieu amor; 829, B qui ne li, C tout qu'un, F Or n'i a plus qu'il ne c. ; 830, D reprendre que qu'il en aviegne, F Reprendre ou qu'ele ne le t. ; 831, C et anieus, D S'il le retient il est gengleus; 832, CE ces jeus ; 833, E Partiz mes or li, F Partis m'est ores mains ; 834, CDF le lais ; 835, C que n'en aim mie, DE Ele dira ; 836, D qui plus.

v. 828. *Que vos le reprenés. Reprenés* est à l'impératif par anacoluthe. Cf. *Vermischte Beitræge*, p. 25.

v. 829-31. *Tor = voie, moyen.* « Il ne voyent *tour* ne voye pour quoy il pëussent conquerre. » (Froissart, cité par La Curne). *Qu'il ne li conviegne a reprendre : Ne* est ici explétif; je crois qu'il faut admettre que la phrase est lourdement affectée et comprendre : Il n'a le choix qu'entre deux alternatives : ne pas reprendre l'anneau (et passer pour déloyal), ou bien (le reprendre et) ne pas passer pour déloyal.

En saut, ce par est trop destráint.
Cil sairemens m'a si estraint
Que li lessiers ne m'i est preus ;
840 Ainçois cuit je que li miens preus
Et m'onors i soit al reprendre,
Se je ne vuel de mout mesprendre
Vers ma gentil dame honorée,
Qui s'amor m'a aconjurée
845 Et la grant foi que je li doi.
Quant je l'aurai mis en mon doi,
Si iert il siens, la o il iert.
Se je fas ce qu'ele me quiert,
Je n'i puis avoir s'onor non.
850 N'est mie amis qui jusqu'en son
Ne fait la volonté s'amie,
Et sachiés que cil n'aime mie
Qui rien qu'il puist en laist a faire.
Je doi atorner mon afaire
855 Del tot a son comandement.
Car il ne doit estre autrement
S'a la seue volonté non. »
Il nel noma pas par son nom,
Quant il dist : « Dame, jel prendrai,
860 Par covent que je en ferai
Après la vostre volonté
La moie, encore ait il esté

837, AB ensaut. ce est par grant destroit, C Ensault certes [?] trop est destrois, D Ensaut ce par est trop destraint, E En saut ce par est trop estraint, F En saut ce qui est plus estroit ; 838, AB m'a si destroit, C m'est si destrois, D est trop estraint, E m'a si ataint ; 840, C cuide que, F *Jubinal donne un texte inexact; le ms. porte* : Ainçois voi bien que mes grant ; 841, C et mes pourfis soit, D m'ennor si, F si est ; 842, D vueil auques, F vueil forment ; 843, ABC douce dame ; 844, C Qui de s'a. m'a conjurée, D qui si forment m'a conjuré, F m'i a conjurée ; 845, D et sor la foi ; 846, F La ou il est ens en mon doi ; 847, ABC si sera il s. ou il (C qu'il) ert, D s'ert il siens ja u il n'en ert, F S'iert siens l'aniaus ; 848, D qu'el me requiert ; 849, B je ne ; 850, AB N'est pas sages, F N'est mie amis ; 851, E au voloir de ; 852, C Molt est cil de mauvaise vie ; F Sachiez ou il ne l'aime mie ; 853, F La ou point en remaint a ; 854, C amis doit a. son, D Si doi la doner mon af., E Si doi, F cest af. ; 855, E en son ; 856, F Que ne doit pas ; 857, C s'a la sainte v. ; 858, AB Il nel nomma, C Il neu nouma, D Ne l'apela, E Il na nouma, F Ne la nomma pas ; 859, C Ains a dit, E je prendrai ; 860, C couvenant que j'en, DE par un covent, D que ge dirai.

En ce doit que je voi si bel. »
— « Et je vos rent donques l'anel,
865 Par covent que vos l'en faciés. »
N'iert enviesis ne esfaciés
Li sens del gentil chevalier.
Tos esprendans de cuer entier,
Le prist tot porpenseement ;
870 Si le regarde doucement,
Al reprendre dist grans mercis.
« Por ce n'est pas li ors nercis,
Fait il, s'il vient de ce bel doit ! »
Cele s'en sosrit, qui cuidoit
875 Qu'il le dëust remetre el sien :
Ains fist après un greignor sen,
Dont mout grant joie li vint puis.
Il s'est acotés sor le puis,
Qui n'estoit que toise et demie
880 Parfons ; si ne meschoisi mie
En l'eve qui ert bele et clere
L'ombre de la dame qui ere
La riens el mont que plus amot.
« Sachiés, fait il, tot a un mot,
885 Que je n'en reporterai mie,
Ains l'avera ma douce amie,
La riens que j'aim plus après vos. »
— « Deus ! fait ele, ci n'a que nos ;
O l'aurés vos si tost trovée ? »

863, ABC en cel ; 864, D donques vos renge vostre, F Tenez et je vous rench l'a ; 865, C vous en ; 866, A envicsis, B enviesiez, C N'estoit muisis ne enfachies, D n'est pas devers moi empiriez, E envielliz, F N'estoit e. n'esf. ; 867, D intervertit ce vers et le suivant, E vaillant, F L'aniaux du courtois ; 868, D Toz espris et cuer et entier, E Tot en prenant, F Moult joians et ; 870, C si l'esgarda molt d. ; D si le demande ; F [Si] le regarda ; 871, F et dist ; 873, C dit il, ABC cel ; 874, Celi sousrit qui bien ; 875, C Ke il le remesist ; 876, AB Mais il fist ainz un moult grant sen, C mais il a fait un moult grant bien, E Mes il fist un plus, F Mais il a fait un autre ; 877, ABC Qu'a grant joie li torna puis ; 878, F Il est ; 879, A pas toise, D qui n'avoit ; 880, D Parfont ; 881, AB L'aigue qui (en manque) ; C intervertit ce vers et le suivant, qui est b., E de l'eaue qui ; 882, C L'ombre a la dame qui bele ert ; 883, AB que mieus, E que plus, CDF qu'il plus ; 884, F Fet il lues droit ; 885 A Que je n'en reprenderai m., BC ne le retenrai, F Je ne l'en ; 886, C l'aura ma trés douce, D ma dame m'amie, E ja ma douce ; 887, DE mieus, E emprés vous ; 888, B l'avez.

890 — « En nom Deu, ja vos ert monstrée
La preus, la gentis qui l'aura. »
— « O est » ? — « En nom Deu, vés la la :
Vostre bel ombre, qui l'atent. »
L'anelet prent et vers li tent :
895 — « Tenés, fait il, ma douce amie ;
Puis que ma dame n'en veut mie,
Vos le prendrés bien sans meslée. »
L'eve s'est un petit troblée
Au cheoir que li aneaus fist,
900 Et quant li ombres se desfist,
« Veés, fait il, dame : or l'a pris.
Mout en est amendés mes pris,
Quant ce qui de vos est l'en porte.
Quar n'ëust il ne huis ne porte
905 La jus ! Si s'en vendroit par ci,
Por dire la seue merci
De l'onor que faite m'en a. »
Hé ! Deus, si bien i asena
A cele cortoisie faire !
910 Onques mais riens de son afaire
Ne fu a la dame plesans.
Tos raverdis et esprenans
Li a geté ses ieus es siens.
Mout vient a home de grant sens,
915 Qui fait cortoisie al besoin.
« Orains ert de m'amor si loin
Cist hom, et ore en est si près !
Onques mais, devant ne après,
N'avint, puis qu'Adam morst la pome,
920 Si bele cortoisie a home.

890, AB Par mon chief, F Moult par tant ; 892, F Par mon chief ; 893, D Vit le ; 894, C l'aniel li rue et il le prent, D et il li t., E L'anel a pris et si li, F Il prent l'anelet, si li ; 895, F Prendez ce fet il bele a. ; 897, BC prendez ; 900, F s'en defist ; 901, DEF Vez dame fet il ; 902, C vos pris ; 904, A Quar n'ëust il ore huis ; 907, C qu'ele faite m'a ; 908, C com bien E Si buer, F tant bon ; 910, C N'onques ; 912, C embrasés et alumans, D revestuz et aprenans, F Entalentis ; 913, B li a ces iaus ; 915, A qu'il, D et dit la dame par besoing ; 916, C estoit cius hom, F Fet ele orainz iert cis si l. ; 917, C qui orendroit estoit si près, D et orendroit, F De m'amor, or en est ; 918, D orains ne, F C'onques ; 919, B manja la.

Ne sai coment il l'en membra,
Quant por m'amor a mon ombre a
Geté son anel ens el puis.
Or ne li doi je ne ne puis
925 Plus veer le don de m'amor.
Ne sai por quoi je li demor :
Onques hom si bien ne si bel
Ne conquist amor par anel,
Ne mieus ne doit avoir amie. »
930 Sachiés qu'ele n'en bleça mie
Quant ele dist : « Beaus dous amis,
Tot ont mon cuer el vostre mis
Cil dous mot et cil plesant fait,
Et li dons que vos avés fait
935 A mon ombre, en l'onor de moi.
Or metés le mien en vo doi ;
Tenés, jel vos doing come amie ;
Je cuit vos ne l'amerés mie
Mains del vostre, encor soit il pire ».
940 — « De l'onor, fait il, de l'Empire
Ne me fesist on pas si lié ! »
Mout se sont andui envoisié
Sor le puis de tant come il purent ;
Des besiers dont il s'entrepurent
945 Vait chascun la douçor al cuer ;
Lor bel ueil ne getent pas puer
Lor part, ce est ore del mains ;

921, D il avenra ; 922, D l'amor ; 923, F en ce ; 924, C Comment donques veer li puis, F *donne ce vers comme* ABDE, *bien que Jubinal l'ait omis* ; 925, C le don ne l'otroi, D Devaer le don ; 927, C N'onques ; 928, D dame par ; 929, AB dut, F ne si bien doie avoir, D nus ne d. avoir mielz ; 930, BC ne, F qu'el nel b. ; 932, C Tout ai en vous le mien cuer mis, D Tout ont vostre cuer el mien mis, C Tout vostre cuer ont el mien ; 933, AB et li, F Cil plesant mot et cil bien fait ; 934, D dels ; 936, D metez le m. en vostre, F or tenez metez en vo doi ; 937, E je vos, F Le mien jel ; 938, C Je cuide vous nel hairez mie, D Je croi ; 940, B *manque*, F De toute l'onor ; 941, C ne me fesist nus hom, D ne me feisse pas, F Je cuit nel feist on si lié ; 942, F molt sont puis andoi ; 944, C de baisier car faire le dorent, D des b. tant com il lor plorent ; 945, C A chascuns le don cuer a cuer ; 946, C Lor biaus ieus, D lor amor ne, F n'ont pas jeté ; 947, C lor partie, F lor part del deduit c'est du.

De tel geu com l'en fait des mains
Estoit ele dame et il maistre,
950 Fors de celui qui ne puet estre :
De celui lor convendra bien.
N'i convient mais beer de rien
JEHAN RENART a lor afaire ;
S'il a nule autre chose a faire,
955 Bien puet son penser metre aillors :
Car puis que lor sens et amors
Ont mis andeus lor cuers ensemble,
Del geu qui remaint, ce me semble,
Vendront il bien a chief andui.
960 Et or m'en tas atant meshui.
Ici fenist li Lais de l'Ombre.
Contés, vos qui savés de nombre.
Explicit.

948, C de teus gieus, F de cel ; 949, C et cil, D dame et maistre ; 950, DF mais du gieu qui or ; 951, DE dont il lor c. moult bien, F des autres lor [... *lacune*] ; 952, CF ja (E mes) penser de, CD n'en convient, D parler, F n'en convient [... *lacune, de même qu'aux deux vers suivants où on lit :* Ci le laira... Se... *Puis* F *ajoute :* Je puis bien cest lai ci fenir — Ci les lais andeus convenir ; 953, D Mais aut chascuns a son afaire ; 954, D se il a autre ; 955, F Si me trai mon penser aillours ; 956, AB Puis que lor sens et lor amors ; 957, AB Et qu'ont mis lor cuers ensemble, F a mis lors cuers andeus ; 958, F au geu ; 959, F Verront il ; 960, F *termine par ce vers :* Or le lairai a tant meshui, D *supprime* 960 *et termine ainsi :* Ne covient pas ci a parler J'en voil ci mon conte finer ; 960-962 *donnés par* ABE *seulement* ; 960, E S'en tet. C *termine par ces méchants vers :*

　　　Car puis orent il moult boin tans,
　　　Et moult s'entramèrent tous tans.
955 Ne vaurai plus lonc conte faire,
　　　Jehans Renars, a lor afaire.
　　　Si a nule autre chose a faire,
　　　Il le fera sans nul contraire ;
　　　Bien puet son penser metre aillors.
960 Contez, vous ki savez millors,
　　　Car de cestui plus ne dirai.
　　　Quant lieus en ert, s'en parlerai
　　　De la boine vie k'il orent.
　　　Quant boin lor fu et il lor plorent,
965 En grant joie et en grant deduit
　　　Furent souvent et jor et nuit.
　　　Et les tournois souvent antoit,
　　　Et l'ounour de tous en avoit.
　　　Bien le savoit sa douche amie,
970 Ki moult en ert joians et lie :
　　　Car il estoit plaisans et dous,
　　　Et se faisoit amer a tous.

ERRATA

Page 10, ligne 6 : *als,* lire *as* ; p. 15, l. 7 et 23, lire *mout* ; p. 19, l. 11, lire *qu'en un roiame* ; vers 42, lire *mout* ; v. 99 et v. 303, lire *al* ; v. 298, lire *cote* ; v. 694, lire *O dont*.

www.ingramcontent.com/pod-product-compliance
Lightning Source LLC
LaVergne TN
LVHW051509090426
835512LV00010B/2436